動きの「感じ」と「気づき」を大切にした
水泳の授業づくり

細江文利・鈴木直樹・成家篤史・小森伸一・石塚 諭 編

教育出版

執筆者一覧 (50音順) ＊…編者

阿部 祐治	新潟県上越市立飯小学校 教諭	
井川 明	神奈川県厚木市立三田小学校 教諭	
＊石塚 諭	お茶の水女子大学附属小学校 教諭	
市場 俊之	中央大学 教授	
上野 佳代	東京学芸大学附属小金井中学校 教諭	
梅澤 秋久	帝京大学 准教授	
大橋 潔	広島県廿日市市立浅原小学校 教諭	
岡田 愛	広島県尾道市立向東幼稚園 教諭	
岡野 昇	三重大学 教授	
小板橋 正隆	千葉県船橋市立行田東小学校 教諭	
小松 未央子	広島県尾道市立向東幼稚園 教諭	
＊小森 伸一	東京学芸大学 准教授	
齋藤 祐一	東京学芸大学 大学院生	
城後 豊	北海道教育大学 教授	
白旗 和也	国立教育政策研究所 教育課程調査官	
＊鈴木 直樹	東京学芸大学 准教授	
須山 千才	長野県教育委員会 指導主事	
髙橋 宗良	杏林大学 講師	
田島 香織	東京学芸大学 大学院生	
津田 浩史	広島県北広島町立芸北小学校 教諭	
寺坂 民明	埼玉県飯能市立双柳小学校 主幹教諭	
富田 知之	鳴門教育大学附属小学校 教諭	
永末 大輔	千葉県千葉市立千草台小学校 教諭	
＊成家 篤史	お茶の水女子大学附属小学校 教諭	
濱田 敦志	千葉県千葉市立真砂東小学校 教諭	
平田 菜穂	広島県尾道市立向東幼稚園 教諭	
＊細江 文利	前 東京学芸大学 教授	
森 博文	京都女子大学 教授	
山崎 大志	埼玉県入間市立西武小学校 主幹教諭	
湯口 雅史	鳴門教育大学 准教授	
リチャード・ライト	バララット大学 教授	

は　じ　め　に

　先日，私が「表現を広げる」というテーマで図工の実技を通した研修に参加したときのことです。
　そこに集った教師は小学校，中学校，高校という異校種の構成で専門の教科も国語，図工，音楽，英語，体育など多岐にわたっていました。教職経験年数も，初任者の教師もいれば30年以上経験がある教師までさまざまでした。
　そのさまざまに異なる教師たちが1つのテーブルを囲み，「新聞をちぎりましょう」という課題に取り組みました。
　私は始め「？？？」と思って取り組んでおりましたが，しだいに新聞をただちぎるだけという活動に夢中になっていきました。
　その理由は，新聞をちぎるという行為に心地よさやおもしろさを見出していたからです。それは新聞紙をちぎる感触だったり，新聞紙がちぎれる音だったり，また，だんだん積もってゆく新聞のちりの山に達成感も感じたり……。
　自分が新聞紙をちぎることに夢中になっていて，ふと，共にちぎっている仲間を見渡してみると，新聞紙のちぎり方が違うということに気がつきました。私は細かく，できるだけ小さくちぎっていたのですが，細長くちぎったり大きくちぎったりする人もいました。
　また，そこに見出すおもしろさも異なり，私のようにひたすら細かくちぎることを楽しんでいる者もいれば，ちぎれるときの音を楽しむ方，どれくらい長くちぎれるかを楽しんでいる方，すだれのようにちぎることを楽しんでいる方などまちまちでした。その志向の違いも楽しんだひとときでした。ちぎるという行為そのものを楽しみ，また，他者との違いも楽しんだのでした。
　そこに集った教師たちが思い思いに新聞をちぎるという行為にひたっている時間を過ごしました。研修はその後，山積みになったちぎれた新聞紙で「何ができるかな？」というテーマが出されました。私たちは何ができるかアイデアを出し合い，試行錯誤の末，最終的にはビニール袋に詰め込み，輪ゴムも使っ

て造形遊びを楽しみました。

　私は子どもの頃より，絵を描いたり，物を作ったりすることに苦手意識があり，いわゆる「図工」には腰が引けていました。しかし，そのようにして終了した研修会の後には何とも言えない爽快感や達成感がありました。

　研修会のときに講師役を務めた先生からの，「造形遊びをするために手段として新聞をちぎったのではありません。新聞をちぎるという行為そのものに『表現する』という要素があり，新聞をちぎるという行為そのものに価値があるのです」という言葉が私の胸に響きました。

　これに似たことを私の幼い娘のブランコ遊びでも見ることができます。休日に娘と公園へ行くと娘はブランコが好きなので，ブランコをすぐにこぎにいきます。娘がブランコをこぐことに目的などありません。ただ，その行為がおもしろいのです。

　先ほどの図工の話ではありませんが，ブランコをこいでいる「感じ」それ自体がおもしろいのかと思います。以前は，こわがってあまり大きくブランコをこぐことをしなかった娘もしだいに大きくこぐようになってきました。大きくこげばこぐほど「キャッキャッ」と笑い，楽しそうにブランコをこぐのです。娘もブランコ独特のゆれるスリル感が大好きなのでしょう。だからこそ，よりダイナミックにブランコをこごうとし，さらにブランコのゆれるスリル感を味わおうと遊びに興じるのです。このようにして，いつまでも私の娘はブランコをこぎ続けるのです（親としてはそろそろやめてもらいたいときもやり続けようとします）。

　このことを体育に置き換えて考えてみます。私たちが運動を行う際には，その運動ならではのおもしろい「感じ」を味わっています。その感じは有意識・無意識にかかわらず体感しているのだと考えられます。

　この「感じ」を意識化する行為が「気づき」といえるのではないでしょうか。その運動がもつ，独特な動きのおもしろい「感じ」を味わい，それを「気づき」として意識化していく。その往還行為の中で，さらに運動を発展させ，よりダイナミックな「感じ」を追求していくのです。

そして，その追求していく過程にその運動ならではの技能が埋め込まれている。そんな授業づくりが考えられるのではないでしょうか？
　先ほどの，ブランコをこぐ私の娘を例にとると，ブランコのゆれるスリル感がたまらなくおもしろいとします（娘は幼いのでそのようなことを話していませんが）。その，ブランコがゆれるスリル感をさらに味わおうと思い，よりダイナミックにブランコをこごうとします。この「よりダイナミックにブランコをこごう」としているときに，「足の振り方」「体重移動のための腰の入れ方」「ぶらんこのくさりの持ち方」などといったブランコをこぐ技能や思考判断といったことが埋め込まれているのです。このときにコツを発見することができたら，それを「気づき」としてとらえることができるのではないでしょうか。
　このように「感じ」と「気づき」を中核として，学ぶという行為が発展していくのだろうと考えています。それが「感じ」と「気づき」を大切にした授業づくりの根幹をなす考え方です。
　ところで，私は小学生時代にスイミングスクールに通っていました。多くのスイミングスクールがそうであるように，そのスイミングスクールも級があり，この級によってクラスが違ってきます。私はいつも進級をめざして，「より長く，より速く」泳ごうと自分を鼓舞して練習していました。そして，月に一度の進級テストの結果に一喜一憂して，その結果に大きく左右されながら，スイミングを続けていたことを思い出します。
　学校の水泳もばた足から始まる一斉指導のもと，私は泳力検定で高い級に合格することをめざし，「より長く泳ぐため」にひたすら練習をしてきました。
　このような子ども時代を過ごしてきた私は水泳ならではの動きのおもしろさを味わってきたのでしょうか？　このような疑問が頭をよぎります。
　教師になった私自身も以前はこのような泳法指導に固執し，泳力検定にもしばられ，水泳授業を行ってきました。私の水泳の授業をほとんど見学する女の子さえ出ていました。そんな私は授業で水泳ならではの動きのおもしろさを子どもたちに味わわせることができていたのだろうか？　「水泳嫌い」を生んではこなかっただろうか？　と自問自答してしまいます。

本書の運動領域は水泳です。皆さんもこれまで学校で水泳を「勉強」させられてきたのではないでしょうか？　そして，いまでも水泳授業で子どもに「勉強」をさせてはいませんか？

　本書の趣旨からして，読者の皆さんに「答え」を提示するものではないと考えています。むしろ，本書を手がかりとして授業づくりについて考えるきっかけにしていただければと思います。

　さあ，教師に限らず多くの方々と学校で水泳学習を行うことの意味について語り合ってみてください。語り合うことで，また新たな授業が生まれるかもしれません。

　私の研究生活は故細江先生や鈴木先生とであい，水泳学習についてご指導いただいたことが始まりでした。そこでは，泳法指導にしばられることのない「はみだした」授業を行いました。そのときには，悩み，苦しみ，周囲からも非難されながら実践しましたが，そうやって実践してきたことで，体育の授業づくりについての考え方が大きく変わりました。

　本書を手がかりのひとつとして，日本のどこかで「はみだした」水泳学習が一つでも多く行われることを期待しています。そこに，子どもたちが意味を見出す水泳学習の可能性が秘められているのかもしれません。多くの子にとって豊かに水泳学習へ参加できることが，編者としてのこのうえない喜びです。

（編者：成家篤史）

　学習指導要領では小学校の水泳系の内容は，低学年は「水遊び」，中学年は「浮く・泳ぐ運動」，高学年は「水泳」となっています。本書では特に必要のある場合を除き，これらを「水泳」または「水泳系」と総称しています。

目　　次

はじめに

第1章　「水泳」の授業づくりの基本的な考え方

1　水泳では何をめざさなければいけないのか ———————————— 2
2　動きの「感じ」と「気づき」を大切にした体育授業
　　——運動の意味生成過程に注目して———————————————— 4
　(1)　体育の学習観の転換　4
　(2)　学びの中核となる動きの「感じ」　5
　(3)　「楽しい」から「おもしろい」へのパラダイムシフト　8
3　これからの体育授業で押さえるべきポイント（水泳系）————— 11
　(1)　学習指導要領の改訂の趣旨　11
　(2)　体育科における改訂の内容　12
　(3)　水泳系領域のねらいとポイント　16
4　動きの「感じ」と「気づき」を大切にする「水泳」の内容
　　——学校体育における水泳の学びの質を深めるための視点——— 18
　(1)　「動きの『感じ』と『気づき』を大切にする」とは何か　18
　(2)　「過程」を大切にする二つの意味　18
　(3)　学校体育における水泳の学びの質を深める視点　22

5　動きの「感じ」と「気づき」を大切にする「水泳」の展開——————24
　　　（1）動きの「感じ」と「気づき」を大切にした学習過程　24
　　　（2）運動の動きの「感じ」のおもしろさを大切にした学習過程　26
　　　（3）動きの「感じ」と「気づき」を大切にした学習形態　27
　　6　動きの「感じ」と「気づき」を大切にする「水泳」の学習評価
　　　――新しいPDCA（Procedure-Dig-Change-(be)Aware）サイクルから考えよう！——30
　　　（1）学習評価の「これまで」と「これから」　30
　　　（2）「これから」の学習評価を実践してみよう！　32
　　　（3）「学習評価」から「学び評価」へ新しい"PDCA"サイクル　35

第2章　「水泳」Q&A

　　1　現状と課題——「水泳」に関する教員の意識調査結果——————38
　　2　「水泳」Q&A————————————————————40
　　　Q1　個人差にどのように対応したらよいか教えてください。　40
　　　Q2　子どもたちが主体的に学ぶための目標設定の方法を教えてください。　42
　　　Q3　大人数での効果的な指導の方法を教えてください。　45
　　　Q4　「泳力検定」について教えてください。　47
　　　Q5　「水遊び」と「浮く・泳ぐ運動」「水泳」の違いを教えてください。　49

第3章　「水泳」の授業実践

　　実践例の読み方————————————————————54
　　問題提起　25m泳がせる指導への疑問——————————————56

実践例1〔幼稚園〕
"みずとともだち！"
　（水遊びのおもしろさにふれよう）——————————— 57

実践例2〔低学年①〕
"うきうき，のりのり水遊び"
　（水に慣れる遊び）——————————————————— 65

実践例3〔低学年②〕
"ながれるプール"
　（浮く・もぐる遊び）————————————————— 71

実践例4〔低学年③〕
"水とあそぼう"
　（浮く・もぐる遊び）————————————————— 77

実践例5〔中学年①〕
"水と友だち——プカッ，スーッと感じよう"
　（浮く運動）—————————————————————— 83

実践例6〔中学年②〕
"水中ロケット 発射!!"
　（浮く運動・泳ぐ運動）———————————————— 90

実践例7〔中学年③〕
"水はお友だち——ばた足キック"
　（浮く運動・泳ぐ運動）———————————————— 96

実践例8〔中学年④〕
"いろいろに進んでみよう"
　（浮く運動・泳ぐ運動）———————————————— 102

実践例9〔高学年①〕
"スゥーいスゥーい進もう"
　（クロール・平泳ぎにつなげる学び）—————————— 108

実践例10〔高学年②〕
"「グー」とかいて,「スー」と進もう"
（クロール・平泳ぎ）—————————————————— 114

実践例11〔中学校〕
"楽に泳ぐことを見つけよう"
（複数の泳法で泳ぐこと）————————————————— 120

第4章　授業づくりのポイント

1　体験としての「水泳」の学び ——————————————— 128
　(1) はじめに　128
　(2) 「水泳」によって体験して学ぶことは何か　129
　(3) 体験学習サイクルと「ふりかえり」の大切さ　131
　(4) 「ふりかえり」の実際　133
　(5) おわりに　135

2　「からだ」を大切にした「水泳」における学び ——————— 137
　(1) 心と体の一体化——「身体化された自己」　137
　(2) 「身体化された自己」を再構築し合うコミュニケーション　139

3　心と体が一体となっていくプロセスとしての水泳学習 ————— 143
　(1) 技能の学習　143
　(2) ストリームラインと飛び込み　144
　(3) 水を感じることができるようになること　146
　(4) 心と体を一体としてとらえる学習過程　148
　(5) 結　論　149

4　泳法指導を超えた指導実践 ———————————————— 151
　(1) スタート飛び込みは陸から水への最適接続詞　151
　(2) シュノーケリング　154
　(3) 集団水泳　155

5 自己保全能力を養う「水泳」―――――――――――――――――― 157
  (1) 自己保全と安全　157
  (2) 水泳における自己保全能力　157
  (3) 水辺活動における自己保全能力　160

6 水泳の授業はこうやって観察をする――――――――――――――― 165
  (1) はじめに　165
  (2) 水泳学習の観察　166
  (3) 視座と注視点　167
  (4) 視点の動かし方　168
  (5) 水泳の観察と視点移動　169
  (6) 観察能力を高める　171

7 学習材（教材）開発はこうやって行う！―――――――――――――― 172
  (1) 「感じ」と「気づき」を大切にした学習材（教材）開発　172
  (2) 低学年　176
  (3) 中学年　178
  (4) 高学年　182

8 「水泳」の学習カードについての一考察――――――――――――― 185
  (1) なぜ「学習カード」を書くのか　185
  (2) 「水泳」の授業で何を書くのか　186

9 「水泳」における指導上の留意点5か条！―――――――――――― 187

あとがき

ちょっと一息

楽に泳げる息継ぎのコツ　52
体育の水泳は「競泳」⁉　76
野外教育における「水泳」　125
「水慣れ」は命を守る大切な学習活動　126
集団的実践としての「水泳」　184

第 1 章

「水泳」の
授業づくりの
基本的な考え方

1 水泳では何をめざさなければいけないのか

　「泳ぎ」あるいは「水泳」は，"バスタブから始まる"といわれています。なぜならば，水泳は水の感覚をからだで感じることが大切であり，水を介した「知覚・運動のループ学習」だからです。
　特に，水の違和感や爽快感の感性を口や目・鼻・耳・舌などの五官を駆使して感じ取り，水泳の基礎基本である呼吸動作を獲得するからです。
　乳幼児期や児童期の子どもたちの水と生活とのかかわり方を調査しますと「ゴクゴクと水を飲めず，うがいのできない子」「冷たい水で顔を洗ったことのない子」「粉薬をのんだ経験のない子」などは水泳が苦手で，水に入っても口をむすんで全身に力が入り緊張しています。
　つまり，水泳は水と呼吸動作の一体感によって楽に呼吸ができ，全身をリラックスすることから始まるのです。
　したがって，水泳では「呼吸；Breath Control」⇒「水中潜り；Submerging」⇒「浮き身；Floating」⇒「水の中での滑り；Gliding」⇒「水中足動作；Kicking」⇒「水中腕動作；Stroking」⇒「足による推進動作；Kicking Glide」⇒「腕による推進動作；Stroking Glide」⇒「腕動作の調整；Coordinated Stroke」⇒「腕動作と呼吸動作の調整；Breathing Stroke」の基本動作と指導の順序が課題になり，知覚的に水とからだがなじむことが大切です。
　また，体育指導では「できるわかる授業」が求められます。このことから『知覚（運動を五感で感じる動作化）⇔設計（運動イメージの動作化）⇔発揮（合理的な動作の習得）』の三位一体のフィードバック学習により，いわゆる五感による"知行合一"が生まれ，水泳のよい授業の成立が可能になります。
　一方，水泳は，有史以来古典的な生活文化として伝播してきました。いわゆ

る「生活の業」として泳ぎが生まれ，生命の尊さや安全を守ってきました。さらに，水遊びや季節感の伴う水浴，スポーツ・レクリエーションとして発展してきました。そして，スポーツ競技として進化し，水泳のスポーツ文化が生成されています。

　このことから，水泳の学びでは「プレイ（Play）⇒ゲーム（Game）⇒スポーツ（Sport）の理念」を踏まえ，体験を通して人間のからだや心を育む最高のスポーツとして自覚することが求められます。そのためには泳ぎのルーツや原義を把握し，原体験的な生活習慣や子どもたちの実態を振り返りながら『水泳の価値』を再考し，水泳指導の原点回帰をしていくことが課題になります。

（城後　豊）

2 動きの「感じ」と「気づき」を大切にした体育授業
――運動の意味生成過程に注目して

(1) 体育の学習観の転換

　体育における学習は,「動きの獲得」や「身体機能の向上」であるととらえられてきたといってもよいでしょう。すなわち,体力を高め,運動能力を向上させることが,体育の学力ととらえられ,この体力"値"が高ければ,運動によりよくかかわれると考えられてきました。また,過激なまでの若年スポーツ熱の高まりや利得優先の商業スポーツも拡大し,子どもの体力"値"の向上を煽ってきたように思われます。このようななかで生まれる量的な体力・運動能力の違いは,小学校や中学校などの体育的環境の中で子どもに,相対的に体育における学力が高いとか,低いと感じさせることにもつながり,「運動に興味をもち活発に運動をする者とそうでない者に二極化」(文部省, 1999)している現状を拡大させてきたといってもよいと思います。

　この学力観にあっては,学習とは,状況と文脈に関係なく,技術や知識を獲得することであるといえます。しかしながら,学習とは,社会的な相互作用のなかで成立しており,単なる教師から児童生徒への伝達ではなく,子どもが身体を授業の場に投企して学習を構成していくものといってもよいでしょう。このような立場では,子どもが学習しているその事実を体育授業の場でかかわる身体による表現の行為とみなし,常に授業という場と相互作用して生成される身体に学習行為を見出すこととなります。すなわち,単に現象としてとらえられる外側から可視化できる行為のみならず,その行為を支えるエネルギーになっている運動の意味の生成を重視し,学習としてとらえていく必要があります。こういった立場に立つ学習は,社会構成主義や状況主義などといわれ,戦術学習はその代表的な例であるといわれます。

　なお,運動の意味とは,「自分探し」としての学習において現実性と可能性

の差異を本質とし，自己を内破していくようなエネルギーとして生成され，授業におけるコミュニケーションを通し，変容しながら，学習を拓いていくといえます。簡単にいえば，自己理解に基づく「なりたい自分」が明確になり，それに向かっていこうとする納得了解された動機づけといえます。したがって，運動の意味によって学ぶことは意味付与され，生きて働く力となって機能すると考えられます。

(2) 学びの中核となる動きの「感じ」

① かかわり合いとしての動きの「感じ」

　子どもたちは，運動の楽しさを味わううえで，勝敗や達成，克服の未確定性や動きの変化（動きくずし）のおもしろさを「感じる」という経験によって心と体を一体として運動に夢中になり，没頭していきます。「勝つ」から，「できる」から楽しいのではなく，「勝つ／負ける」「できる／できない」という狭間のなかで，動く「感じ」のおもしろさにふれていくことが，結果的には経験の総体として楽しさとして感じられているといっていいでしょう。また，この狭間のなかでプレイに夢中になり，没頭している子どもたちは，同じような活動の繰り返しのなかで，この均衡がくずれ，飽きを迎えることによって，行動を変化させようと試みるようになります。すなわち，運動することによって生まれる「感じる」ことから，運動のおもしろさにふれ，おもしろさを探求するなかで，楽しさや飽和を享受し，学習を展開していくといえます。「動きの感じ」を意味する言葉として，英語では，"Proprioception"（深部感覚）という言葉も耳にするようになりましたが，これは筋や腱，関節等という体のパーツの動きの感じと連動して，位置覚，運動覚，抵抗覚，重量覚により，体の各部分の位置，運動の状態，体に加わる抵抗，重量を感知する感覚であるといわれます。本書で取り上げている動きの「感じ」は，深部感覚のような部分的なものではなく，主体が他者や環境に働きかけ，働きかけられながら味わう包括的なものであるととらえています。また，この「感じ」という暗黙裡に味わっている世界が，子どもたちが異質な出来事とであっていくことによってある種の形式化

した「気づき」となっていきます。

　話は変わりますが，日本人の食文化を知るということからこのことを考えていきましょう。皆で知恵を出し合って日本人同士で食事を見つめて語るよりも，外国の人と食生活を共にすることによって，自分たちの特徴は明確になり，習慣であったり，メニューの特徴であったり，その文化的な特徴は見出しやすくなります。これは，比較的同質の集団で物事を考えるよりも異質な集団で考えることによって解決の糸口を見出しやすくする一つの例といえます。こんな異和感は私たちの探求心をくすぐるものです。

　② 「感じ」の差異から広がる動き

　差異から広がる動きの探求について一つ例をあげてみたいと思います。例えば，立つということは，日常の行為になっており，「立つ」ことそのものにプレイの要素を感じる人は少なくなっていると思います。しかし，ハイハイをしている子どもが立とうとしている姿を思い出してみてください。彼らは何度も何度も立とうとして失敗を繰り返していきます。「できる／できない」という狭間のなかで「立つ」という動きのおもしろさを味わっています。それは，立つ練習でもなく，歩くための準備として立つのではなく，立つという動きの「感じ」に動機づけられ，立とうとしています。手と足をつけて地面に立つという生活から二本足で立とうとしているのは，私たちの環境と人との社会的相互作用にほかならないと思います。そのなかで，立つことに意味が付与され，彼らは，立とうとし，やがて「立つ」という意味構成をし，立つようになるといえます。

　この例にも見られるように，体育授業における子どもの行為や意味の生成は，「感じる」ことによって促され，「感じる」ことによって変化していくといえます。例えば，体が動く感じとの関連から，運動していることへの「気づき」が生まれ，運動の意味が付与されていきます。このことによって，子どもたちは，「いま」の自分と「これから」の自分の中で運動することへ意味付与し，それは学習の大きなエネルギーとなっていきます。

　③ 場を生み出す動きの「感じ」

　また，「感じる」ことによる運動の楽しさの享受は，体育授業におけるかか

わり合いにおいて生まれているといえます。かかわり合いによって体育授業に「場」が生まれ，その「場」が子どもを運動の楽しさにふれることにつながります。そのかかわり合いは，主に，モノの知覚による運動行為であったり，教師の指示による運動行為や仲間の運動への共感による運動行為であったりします。つまり，体育授業において学習者が，教師や仲間，学習材・教具，環境に働きかけたり働きかけられることによって，その「場」を楽しさの享受できる「場」に組み換え，運動の行為を生み出しているといえます。すなわち，子どもたちは，仲間やモノと学び合う学習を通し，「感じる」という体験を基盤にしながら，学習を展開し，学習することを仲間と共に生み出しているのです。このように考えてみると学習内容の異なった側面が見えてきます。

④　学習内容としての動きの「感じ」

　「体育の学習内容は何か？」と問われたら，皆さんはなんと答えますか？　頭にパッと浮かぶのは，逆上がり，二重跳び，台上前転などの動き方ではないでしょうか？　つまり，私たちが通常，目にすることのできる動きの「形」を身に付けることを学習内容ととらえるのが一般的ではないでしょうか？　これは，社会的学習でも例外ではありません。「友だちと仲良くする」「負けても勝者を称える」「得点したときは共に喜ぶ」「自分がゲームに出ていないときは一生懸命応援する」といったように，かかわる「形」を身に付けさせているといえるのではないでしょうか？

　ところで，今，本書を手にとっている読者のなかで大学を卒業して以来，生涯スポーツとして跳び箱運動やマット運動に取り組んでいる人はどれくらいいるでしょうか？　数学や英語，国語は，生活のなかで役立つという経験を日常的に意識的にしています。しかし，跳び箱運動やマット運動のような学習は，非日常的であり，日常の生活のなかで応用している人はそうはいません。教師たちのなかには，学校体育では一生涯続けていくことのできる得意なスポーツを見つけることが大切だという人もいます。しかし，器械運動に近い体操競技を続ける人は，器械運動が得意であったり，好きであったりしても，わずか一握りです。では，将来取り組まれないのであれば，その活動は無意味なのでし

ょうか？　この問いに対して本書でテーマとした動きの「感じ」と「気づき」を大切にするということが一つの回答を与えてくれます。

⑤　「形」から「感じ」へ

　体育の目標は，「運動に親しむ資質や能力の育成」「健康の保持増進」「体力の向上」の三つの具体的目標を関連づけ，「楽しく明るい生活を営む態度を育てる」ことにあるといえます。メディアの発達や表彰システムの発達のなかで，「速く，強く，高く」という価値観と連動して体育における学習成果が確立されてきました。このようななかでは，運動競技と関連した技能の高さを求めはぐくむ体育観がうかがえます。しかし，生涯にわたって運動に親しむためには，これだけでは不十分すぎます。先にあげた器械運動でいえば，いろいろな技ができるということがめざされるのではなく，動きの「感じ」を知り，「気づく」ことが大切なのです。私は大学のある授業で，「グルゥッと移動しよう」をテーマにして授業を展開してみました。受講生は，だいたい前転のようなことをしているのですが，その前転が，受講生が50人いれば50通りあるのです。しかし，皆，それが「グルゥッ」と回っている感じだというのです。つまり，「感じ」を共有しながら外側の表れは全員異なっています。私はとても驚きました。しかし，この様子を見て気づいたのは，「感じ」の出力の仕方は，個々人で違うということです。私たち教師は，外側の見栄えばかりを気にして大切な中身を置き去りにしてきてしまったのかもしれません。みんなが違うことを前提にして，ふれさせたい「感じ」という学習内容を共有していけば，すべての子どもが全力を出して取り組むことのできる学習を展開することができるのではないでしょうか？　だからこそ，何ができたかではなくて，どうやって学んでいるかという過程が大切なのだと思います。できなくても頑張ったから「よい」という精神的な過程論ではない，本質的な過程主義が望まれます。そこで，動きの「感じ」に注目することで体育がよりよい学びへと転換すると考えています。

(3)「楽しい」から「おもしろい」へのパラダイムシフト

　以上のような考えから，私は，大学の授業で学生が模擬授業をするときに，

まとめで,「今日の授業は楽しかった?」という振り返りはさせないようにしています。なぜなら過程を大切にした体育授業では,楽しさを探求しているなかで自分は何がどう変化したのかを見つめさせる必要があると思うからです。単純に「楽しかった」かどうかを学習あるいは指導を評価するための規準にするのであれば,料理を作って提供して「おいしかった」かどうかを評価してもらっているのと変わりません。「おいしいね。今日の食事は,見た目も工夫してあるから,見ても楽しい。だから,他の料理でも同じ工夫をしてみよう」なんていうつぶやきの方が「おいしかった」という振り返りよりも,もっと大切だと思うのです。つまり,「楽しかった」という「Happy」から「おもしろい」という「Interesting」を大切にした体育が求められるのではないでしょうか?「勝って楽しかった」ではなく「競争しておもしろくて楽しい」,「できて楽しかった」ではなく「挑戦しておもしろくて楽しい」,という,過去完了での語りから「いま-ここ」での語りへの変化が大切です。おもしろさ(Interesting)を感じて,楽しさ(Happy)に気づくという"IH"の連鎖が重要といったところでしょうか? IH家電というのが巷では流行っていますが,これは,効率的,安全,快適,クリーン,経済的なのだそうです。IH運動プログラムも,効果が高く,優しく,気持ちよく,簡単な運動といえます。つまり,動きの「形」から「感じ」へ体育の成果を求めることによって運動のおもしろさにふれながら,学習成果を深めていくことができるといえます。そこで,動きの「感じ」と「気づき」を大切にした「おもしろい」運動の世界づくりこそが今,体育には求められていると考えるのです。

私は,読者の皆さんと共に,動きの「感じ」と「気づき」に注目することで"教師側の論理"という殻を破って"子ども側の論理"からの授業づくりについて本書を通じて探っていくことができればと考えています。　　　　　(鈴木直樹)

※本稿は,本書作成にあたり,編者の細江文利氏と鈴木とで話し合ったコンセプトについてまとめたものです。本来,細江氏が執筆を担当する予定でしたが,作成途中で病床に臥されたため,鈴木が代わりに執筆しました。

〈引用・参考文献〉

Anselm Strauss & Juliet Corbin（1999）『質的研究の基礎――グラウンデッド・セオリーの技法と手順』医学書院．p.19

B.D.シャクリー・N.ハーバー・R.アンブロース・S.ハンズフォード：田中耕治監訳（2001）『ポートフォリオをデザインする――教育評価への新しい挑戦』ミネルヴァ書房

Joyner, A.B. & McMains, B.G.（1997）Quality control in alternative assessment. Journal of Ohysical education, Recreation & Dance,68（7）, pp.38-40

Hopple,C, J.（2005）Elementary physical education teaching & assessment：practical guide（2nd ed.）. Human kinetics.

木下康仁（2003）『グラウンデッド・セオリー・アプローチの実践――質的研究への誘い』弘文堂

木下康仁（1999）『グラウンデッド・セオリー・アプローチの実践――質的実証研究の再生』弘文堂

Melograno, V.J.（1997）Integrating assessment into physical education teaching. Journal of Physical Education, Recreation & Dance, 68（7）, pp.34-37

National Association for Sport and Physical Education（NASPE）（1995）Moving into the future：National standards for physical education. Dt. Louis：Mosby.

文部省（1999）『小学校学習指導要領解説 体育編』東山書房，p.11

Schwager, S.（1996）Getting real about assessment：Making it work. Journal of Physical Education, Recreation & Dance, 67（8）, pp.38-40

鈴木直樹（2006a）「関係論的な学習における運動の意味に関する検討」『埼玉体育スポーツ科学』第2巻

鈴木直樹・塩澤榮一（2006b）「ワークショップ形式を導入した『体力を高める運動』の実践」『体育科教育学研究』第22巻第1号

鈴木直樹・中島大輔（2005）「仲間とのかかわりを豊かにすることを目指した小学校体育授業の実践報告」『埼玉体育スポーツ科学』第1巻

鈴木直樹・藤巻公裕（2004）「小学校水泳学習における子どものかかわり合いに関する研究」『埼玉大学教育学部研究紀要（教育科学Ⅱ）』第53巻第1号

3 これからの体育授業で押さえるべきポイント（水泳系）

(1) 学習指導要領の改訂の趣旨

　平成20年3月28日に小学校及び中学校の学習指導要領が改訂されました。学習指導要領の趣旨を生かした授業実践を行うためには，改訂の背景や趣旨を概ね理解しておくことが必要でしょう。

　学習指導要領は，社会的なニーズや課題を背景に，およそ「今後の日本を背負っていく子どもたちにどのような力を身に付けさせていくべきなのか」を教科，領域ごとに，発達の段階を踏まえ，体系的に整理したものといえます。

　今回の改訂では，21世紀は，いわゆる「知識基盤社会」の時代であることを強調しています。このような知識基盤社会化やグローバル化は，知識そのものや人材をめぐる国際競争を加速させる一方で，異なる文化や文明との共存や国際協力の必要性を増大させると考えられます。こうした状況において，日本の将来を背負う今の子どもたちには，確かな学力，豊かな心，健やかな体の調和を重視する「生きる力」をはぐくむことがますます重要になってきます。

　ところが，OECD（経済協力開発機構）のPISA調査など各種の調査からは，わが国の児童生徒について下のような課題が浮き彫りになりました。

　○思考力・判断力・表現力など知識・技能を活用する力
　○家庭での学習時間などの学習意欲，学習習慣・生活習慣
　○自分への自信の欠如や自らの将来への不安，体力の低下

　まさに生きる力が不十分と言わざるをえません。そうしたことから，21世紀を生きる子どもたちの教育の充実を図るため，中央教育審議会で国の教育課程の基準全体の見直しについて検討が行われ，平成20年1月に「幼稚園，小学校，中学校，高等学校及び特別支援学校の学習指導要領等の改善について」（答申）が示されました。これは，教育基本法改正において，知・徳・体をバランスよ

くはぐくむこと,学校教育法改正において,基礎的・基本的な知識・技能,思考力・判断力・表現力等及び学習意欲を重視することなどが規定されたことを踏まえたものです。

こうした法改正や中央教育審議会答申を経て,学習指導要領の改訂が行われました。その基本的な柱は次の3点です。
○「生きる力」を育成すること
○知識・技能の習得と思考力・判断力・表現力等の育成のバランスを重視すること
○豊かな心と健やかな体を育成すること

(2) 体育科における改訂の内容

① 答申を踏まえた改訂の方向

体育科の改訂においても,平成20年1月の中央教育審議会の答申に基づいて行われました。その答申において,体育科の改善の基本方針については,次のように示されています。

体育科の改善の基本方針(下線は筆者)

> 小学校,中学校及び高等学校を通じて,「体育科,保健体育科については,その課題を踏まえ,生涯にわたって健康を保持増進し,豊かなスポーツライフを実現することを重視し改善を図る。(中略)また,学習したことを実生活,実社会において生かすことを重視し,学校段階の接続及び発達の段階に応じて指導内容を整理し,明確に示すことで体系化を図る。」としている。
> (「幼稚園,小学校,中学校,高等学校及び特別支援学校の学習指導要領等の改善について(答申)」平成20年1月)

まず,「その課題」ですが,「運動する子どもとそうでない子どもの二極化や子どもの体力の低下傾向が依然深刻」といった児童生徒に関する課題だけでなく,「運動への関心や自ら運動する意欲,各種の運動の楽しさや喜び,その基

礎となる運動の技能や知識など，生涯にわたって運動に親しむ資質や能力の育成が十分に図られていない例も見られること」といった教師の指導に関する課題や「学習体験のないまま領域を選択しているのではないか」といった学習指導要領の枠組みの課題も指摘されています。

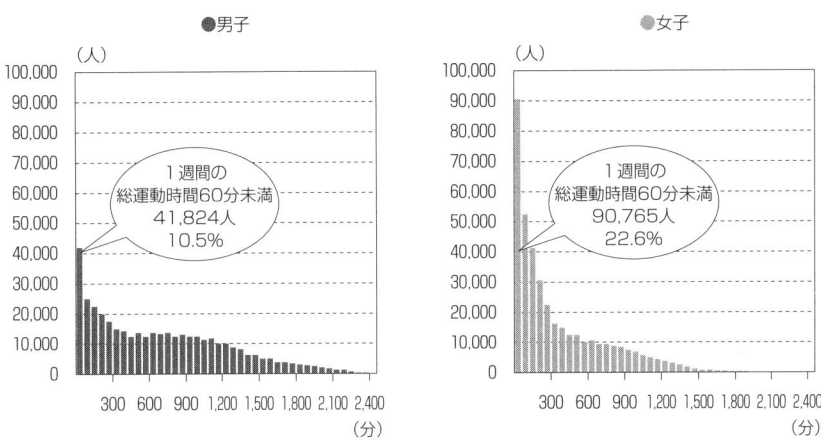

（平成21年度「全国体力・運動能力，運動習慣等調査」結果）
図1-1　1週間の総運動時間（小学校5年生）

　図1-1のように，女子では，1週間に体育の授業以外に運動する時間が60分に満たない子どもが4分の1近くに上っています。
　これらは，生活様式や習慣などの変化により，運動しにくい状況にあることは指摘されているところですが，これでは，体力の向上も望みにくいことは言うまでもないでしょう。しかし，見方を変えると，この結果から，唯一運動している時間は，体育の授業しかないこともわかります。こうしたことなどから体育の授業時数が低学年，中学年において，学習指導要領の改訂により，90時間から105時間に増加しました。教師の課題の対応も含め，体育授業への期待は大きく，その充実を図ることは急務といえます。

② 具体的な改訂の内容

12ページに示した中央教育審議会答申からの引用の後段において，改善の方向性を「学習したことを実生活，実社会において生かすことを重視し，<u>学校段階の接続及び発達の段階に応じて指導内容を整理し，明確に示すことで体系化</u>を図る」こととしています。これらを具現化し，改訂の方向を示すために，体育科の目標を修正しています。ここでのポイントは，小学校から高等学校までの見通しをもった目標とするために，小学校体育の位置づけを明らかにしたことです。

学校教育法において「小学校は，心身の発達に応じて，義務教育として行われる普通教育のうち基礎的なものを施すことを目的とする」と規定されていることを踏まえ，「生涯にわたって運動に親しむ資質や能力の基礎を育てる」ことを明確に示しています。つまり，生涯にわたって運動に親しむ資質や能力を育成するためには，小学校でそれらの基礎をしっかりと育てることが大切であることを明確に示したわけです。

体育科の目標（小学校学習指導要領）（下線は筆者）

> 心と体を一体としてとらえ，適切な運動の経験と健康・安全についての理解を通して，<u>生涯に</u>わたって運動に親しむ資質や能力の<u>基礎</u>を育てるとともに健康の保持増進と体力の向上を図り，楽しく明るい生活を営む態度を育てる。

この目標を受け，次のように体育科の内容を改善しています。

●**指導内容の体系化**（指導内容の明確化，系統化，弾力化）

体育科では生涯にわたって運動に親しむ資質な能力の基礎を身に付けていくことをめざしているのですから，児童生徒の発達の段階を考慮したうえで，それにふさわしい指導内容を明確化し，意欲的に継続して学ぶことができるよう系統化しました。このように小学校から高等学校までの12年間を見通して指導内容の整理を行い，体系化を図りました。

その際，発達の段階のまとまりを大切にしています。小学校第1学年から第

4学年の頃は，児童が易しい運動にであい，伸び伸びと体を動かす楽しさや心地よさを味わうことを大切にしながら，各種の運動の基礎を培うことを重視する時期。小学校第5学年から中学校第2学年の頃は，各種の運動種目の初歩的な技能を身に付けるなど，すべての運動領域を学習する時期。中学校第3学年から高等学校修了年次までは，自己に適した運動種目を選択し，その運動実践を深める時期としています。

特に小学校では「基本の運動」について，指導内容や高学年への系統性が見えにくいとの指摘が多かったことから，従前「内容」として示していたものを「領域」として示しています。ただし，「基本の運動」という名称はなくなりましたが，その趣旨は低学年・中学年の発達の段階を踏まえた指導内容に生きていますので，指導の際には留意しておくべきでしょう。

また，運動の取り上げ方の弾力化の視点も大切です。前述しましたように，学習指導要領では指導内容の明確化を図ってきたわけですが，それらを身に付けるための指導方法は，学校や児童の実態によって，さまざまな工夫がなされなければなりません。そうした教師の指導の工夫が生かせるように指導内容の確実な定着を図りやすいならば，運動の取り上げ方を一層弾力化し，低・中・高学年に示されている「体つくり運動」以外のすべての指導内容について，2学年のいずれかの学年で取り上げ，指導することもできるようにしています。この趣旨を生かして学校の創意工夫した指導が行われることが期待されます。

● 体力向上の重視

もう一つの柱としては，子どもたちに動ける体つくりの基礎を培うことがあげられます。そこで，運動する子どもとそうでない子どもの二極化の傾向や子どもの体力の低下傾向が依然深刻な問題となっていることから，すべての運動領域で適切な運動の経験を通して，一層の体力の向上を図ることができるよう指導のあり方を改善することとしています。特に「体つくり運動」は，基本的な動きを培うことをねらいとして低学年から示すとともに，第1学年から第6学年のすべての学年において指導することとしています。

(3) 水泳系領域のねらいとポイント

① 水泳系領域の改訂の背景とねらい

　平成10年告示の学習指導要領において，水泳は内容の取扱いで，「原則として第4学年」から行うことと位置づけられていました。しかし，平成20年改訂の学習指導要領では，第5学年から規定されました。これは，児童の実態を踏まえた積極的な改訂と考えられます。近年の児童の泳力はやや低下しているのではないかといった指摘が多くありました。これは，体育科の時数減との関係も深いかもしれません。この指摘に対し，水泳を第3学年から位置づける可能性もあったわけです。しかし，早期に泳法を学ぶより，じっくり水に親しむなかで，浮いたりもぐったり，多様なキックやプル（手のかき）などを習得することのほうが，児童の発達の段階に合っているとの判断でした。

表1-1　水泳系領域

小学校			中学校	高等学校
低学年	中学年	高学年	1～3年	入学～修了年次
水遊び	浮く・泳ぐ運動	水　泳		
水に慣れる遊び 浮く・もぐる遊び	浮く運動 泳ぐ運動	クロール 平泳ぎ	クロール・平泳ぎ・背泳ぎ・ バタフライ（中3以降） 複数の泳法又はリレー	

② 水泳系の授業への期待

　表1-1のとおり，小学校の低学年では「水遊び」，中学年では「浮く・泳ぐ運動」，小学校高学年以降，中学校，高等学校は「水泳」としています。小学校高学年以降は，クロールや平泳ぎといった泳法を学び，その泳ぎができることを学習内容としていますが，中学年までは，泳法ではなく，水中での動きとしてとらえています。このように，小学校中学年までと高学年以降で学習が大きく変わります。この違いを理解して，指導に結びつけることが大切です。

　小学校中学年までは，領域の名称のとおり，水と戯れ，いろいろな格好で浮

いたり，もぐったりしながら，水の性質について，体と動きを通して感じ取ることが大切になります。水に親しみ，水の性質を感じ取るためには，キックといっても効果的なクロールキックやかえる足をするだけでなく，たとえ合理的でなくてもさまざまなキックなどを体験することで，それこそ水の抵抗感やときには怖さも感じ取ることができるでしょう。もぐることで息ができない不自由さを感じ取ったり，いろいろな格好で浮いてみることで，気持ちよさを感じ取ったりすることも同様です。このような，非日常的な経験からあらためて自分の体や動きにも気づくことでしょう。

　このような体験を十分積んでから徐々に，泳法に移行します。水中での抵抗感や不自由さのなかで，合理的に泳げるようになった子どもたちは，新たに水と自分の体や動きとの関係を感じ取ることでしょう。水泳系の学習では単に泳げるようになることだけを学ぶのではないのです。

　児童の思考や欲求，心身の発育・発達に適合した「生涯にわたって運動に親しむ資質や能力の基礎を培う」水泳系の授業の実践が期待されます。(白旗和也)

〈参考文献〉
「幼稚園，小学校，中学校，高等学校及び特別支援学校の学習指導要領等の改善について（答申）」平成20年1月
『小学校学習指導要領解説 体育編』平成20年8月
「平成21年度 全国体力・運動能力，運動習慣等調査報告」平成21年12月

4 動きの「感じ」と「気づき」を大切にする「水泳」の内容
――学校体育における水泳の学びの質を深めるための視点

(1)「動きの『感じ』と『気づき』を大切にする」とは何か

「学び」とは，対象世界との対話（文化的実践／世界づくり）と他者との対話（対人的実践／仲間づくり）と自己との対話（自己内実践／自分づくり）が三位一体となった活動のことです。これはどれだけ獲得し貯蓄したかという「結果」に焦点づけられた貯金概念に基づいた「勉強」ではなく，表現と共有による対話的実践への参加として位置づけられます。このことを「水泳」に引き寄せてみると，決められた泳ぎ方で「どれだけ長く泳ぐことができたか」「どれだけ速く泳ぐことができたか」という「結果」にとらわれることなく，その「結果」に至るまでの「水や仲間や自己とのかかわり経験」，つまりは「過程」を大切にする営みととらえることができるでしょう。

では，学校体育における水泳において「過程」を大切にするとはどういうことなのかを，二つの視点から見ていくことにしましょう。

(2)「過程」を大切にする二つの意味

① 「身体」における学び

一つめの「過程」の視点は，「運動している只中，真最中」というほどの意味です。そこでは，何が行われているのか（どのような「動き」が行われ，どのような「身体」となっているのか）という視点です。

け伸びを例にとり，考えてみましょう。一般に，け伸びの指導は「①両足でプールの底に立つ→②沈む直前に大きく息を吸う→③軽く上に跳び，両足を壁につけて膝を曲げる→④沈んだ勢いで，からだを水平にしようとする→⑤からだを水平にしながら，腕を前方に伸ばし，両手を重ねる→⑥壁を『強く』ける」という順をたどります。しかし，趙（2007, 2009）はこれを「間違いだらけの蹴

伸び」と指摘し,「蹴伸びとはプールの壁を蹴って,からだを水面に導くための手段」ではなく,「水中でからだを伸ばし水の抵抗を少なくするストリームラインをつくり,泳ぐ距離を短くするため」と説明します。そして,「①片足をプールの底につけ,膝を曲げてもう片方の足を壁につける→②『前へならえ』をイメージして腕を軽く前に伸ばす→③息を吐きながらからだを沈め,両足を壁にそろえる→④プールの真下を見て,からだの水平を確認するため一瞬静止し,ためをつくる→⑤曲げた膝を伸ばすように,からだを送り出す」という,からだに優しい「バンザイ蹴伸び→バンザイ・ストリームライン」(図1-2)を考案しています。

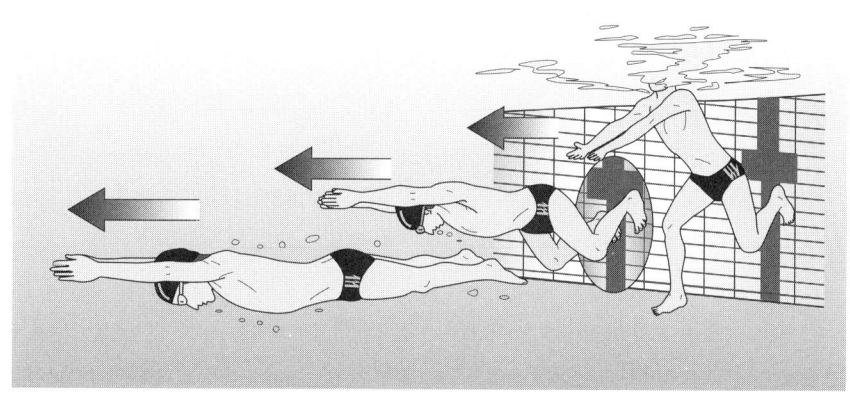

図1-2　バンザイ蹴伸び→バンザイ・ストリームライン（趙, 2007）

　ところで,通常私たちは「身体を動かす」ということが多いですが,それと同じくらい「身体が動き出す」という経験をしているのも事実です。子どもが注意されることをわかっていながら廊下を走るのは,あの長くて細い廊下に「走っておいで…」と誘われているからであり,運動会前日に整備された運動場の走路を走る子どもも,あの白いラインによって描き出された長くて細いコースに「走っておいで…」と誘われているからである,という見方です。このように「動き」と一言でいっても,それに伴う「身体」は,前者は対象に働きかけ

ていく「主体としての身体（意志）」として，後者は対象から働きかけられる「客体としての身体（脱・意志）」から成り立っているといえるでしょう。

では，け伸びについてこの二つの身体から再度みていくことにしましょう。一般のけ伸びでは，「①両足でプールの底に立つ（意志）→②沈む直前に大きく息を吸う（意志）→③軽く上に跳び（意志），両足を壁につけて膝を曲げる（意志）→④沈んだ勢いで，からだを水平にしようとする（意志）→⑤からだを水平にしながら，腕を前方に伸ばし，両手を重ねる（意志）→⑥壁を『強く』ける（意志）」とすべての局面において，水や自分といった対象に，自らが意志的に働きかけていくという身体になっています。

一方，「バンザイ蹴伸び」では，「①片足をプールの底につけ，膝を曲げてもう片方の足を壁につける（意志）→②『前へならえ』をイメージして腕を軽く前に伸ばす（意志）→③息を吐きながらからだを沈め（脱・意志），両足を壁にそろえる（意志）→④プールの真下を見て，からだの水平を確認するため一瞬静止し，ためをつくる（脱・意志）→⑤曲げた膝を伸ばすように（意志），からだを送り出す（脱・意志）」というように，意志的に対象に働きかけていく身体と，意志から離脱し対象に身体をまかせる・ゆだねる・あずけることの両方を行き来する身体のありようが浮き彫りにされます。

以上のことから，「運動している只中，真最中」という過程は，単なる「動き」が連続しているものと見るのではなく，その背景にある「身体」のありようについて着目しながら，その「身体」自体を学ぼうとすることです。そして，現在の「主体としての身体（意志）」に偏りがちな学習内容を見つめ直し，「主体としての身体（意志）」と「客体としての身体（脱・意志）」の「往還運動としての身体」を学びの内容として取り上げていくことが，学びの質を深める手がかりになると考えられます。

② 「身体技法」における学び

次に，二つめの「過程」の視点について見ていくことにしましょう。一つめの視点が，「運動している只中，真最中」という，いわば「運動学的な過程」であるならば，二つめの視点は，「運動してきた只中，真最中」という，「歴史

第1章 「水泳」の授業づくりの基本的な考え方

的・文化的な過程」です。そこでは，何が行われていたのか（どのような「動き」が行われ，どのような「身体」となっていたのか）という視点です。

ここでも，「バンザイ蹴伸び」を考案した趙（2007，2009）による「ゆっくり長く泳ぐためのクロールの技術」について取り上げてみます。表1-2は，趙の主張を筆者が整理し作成したものです。詳細については文献に譲ることとし，そのポイントは「体を安定させて泳ぐこと」と「急がず，慌てず，ゆっくり流れるように泳ぐこと」です。

表1-2　二つのクロール技術

ゆっくり長く泳ぐ技術 （ウオーキング・クロール）	速く泳ぐ技術 （ランニング・クロール）
1ストローク2ビート	1ストローク6ビート
バタなしキック	バタ足キック
キックは足を浮かせ，バランスをとるため	キックは強く打ち，速く進むため
2本レールをイメージした人間ビート板	中心軸を意識したローリング
I字プル（コンパクトな手のかき）	S字ストローク

バタ足キックから入ることに代表される現在のクロールの技術指導は，速く泳ぐための技術です。この現代のクロールの原型をつくったとされるのは，イギリス人のジョン・トゥルージェンであり，その後，イギリス人のフレデリック・キャビールが1887年にオーストラリアに移住し，南太平洋系の原住民の泳ぎを参考に新しいクロールを考案しました。それが，いわゆるバタ足を採用した1ストローク4ビートの泳ぎ方であり，スプラッシュ（しぶき）ストロークとも呼ばれました。一方，ゆっくり長く泳ぐクロールの技術の特徴は，原始的クロールと類似しています。例えば，エジプトでは遅くとも紀元前3000年に，クロールは伏臥姿勢での移動法として確認されていますし，未開社会では海岸航行や渡河するために「うき」に伏臥した状態で進行する，バドリングすなわちクロールが行われていたとされます。これらは，身体を「うき」などにゆだねて，安定した状態で進行する技術とみることができます。

すなわち，いまから約120年前に登場した「速く泳ぐための技術」は，何千年という過程を踏まえた「ゆっくり長く泳ぐ技術」からの産物とみることができ，このことは新しい学習指導要領からもうかがい知ることができます。小学校ではクロールも平泳ぎも「続けて長く泳ぐこと」であり，「速さ」を求められるのは中学校に入ってからです。また，この場合の「速さ」も「手と足，呼吸のバランスをとること」，すなわち安定した泳ぎが前提となっています。

　以上のことから，「近代文化による身体技法（文化によって条件づけられた身体の使い方）」のみに焦点を当てるのではなく，「前近代文化による身体技法」にも光を当てることが求められるでしょう。この鍵は，近代社会が重視する「進歩・上達・向上」という「達成志向による意味」と前近代社会が大切にしてきた「ひたる・まかせる・ゆだねる」という「共感志向による意味」とを往還させる回路を探り出すことであり，このことがもう一つの学びの質を深める手がかりになるものと考えられます。

(3) 学校体育における水泳の学びの質を深める視点

　学校体育における水泳の学びの質を深める視点の一つは，「身体」における学びで，「主体としての身体（意志）」と「客体としての身体（脱・意志）」の「往還運動としての身体」を学びの内容とすることを提示しました。視点のもう一つは，「身体技法」における学びで，近代社会が重視する「達成志向による意味」と前近代社会が大切にしてきた「共感志向による意味」とを往還させる回路を探り出すことを提起しました。とりわけ私たちは水泳授業において，「客体としての身体（脱・意志）」と「共感志向による意味」を大切にした次ページの写真のような活動を始めています。このことは識者らによる最近の水泳授業への問題提起と同じ視点を共有しているように思われます。なぜなら，競泳的な学習内容から自己保全能力向上をめざす学習内容（アクアフィットネス，サバイバルスイミング，着衣泳など）への転換は，水を克服対象としてみるのではなく，水とその動き（流れや波）に身を委ねることを重視した提起と読み取ることができるからです。

（岡野　昇）

〈引用・参考文献〉
岸野雄三編（1987）『最新スポーツ大辞典』大修館書店
成田十次郎（1978）『体育とスポーツの歴史』日本体育社
高木英樹（2002）『人はどこまで速く泳げるのか』岩波書店
趙靖芳（快適スイミング研究会）（2007）『ゆっくり長く泳ぎたい！DVD版』学習研究社
趙靖芳（快適スイミング研究会）（2009）『ゆっくり長く泳ぎたい！超基本編』学習研究社

5 動きの「感じ」と「気づき」を大切にする「水泳」の展開

(1) 動きの「感じ」と「気づき」を大切にした学習過程

① 伝達型の授業から生成型の授業へ

　体育授業は身体活動が運動によって表れ，学習の成果が体を通して，その場に表れます。運動に伴って得られるものは，その運動がもっている独特な動きの「感じ」といえます。子どもたちにとって，その動きの「感じ」は好き嫌いにかかわりなく，必然的に体感されています（成家ら，2009）。

　体育授業においては，「感じる」ことを中核として，子どもにとっての運動の意味が生じると考えられています（鈴木，2007）。子どもたちは，「いま-ここ」で活動している運動の動きの「感じ」のおもしろさをキャッチして，自らの運動の原動力としているのではないでしょうか。

　しかし，その「感じ」を快いと感じるか，不快と感じるかは，子ども個々人の動きを味わう「好み」にもよります。運動を「料理」して学習材にしている教師は，どの子どもの「味の好み」にも合わせて運動を「料理」するのが腕の見せどころといえるでしょう。つまり，「感じ」の好みは子どもによって違いますが，それぞれの子どもがそれぞれの好みで「おもしろい！」と思える「感じ」にであうことができるような授業づくりを考えていくことが求められてきます。

　このように考えると，動きの「感じ」と「気づき」を大切にした授業の中で教師から一方的に何事かを「伝達」する構図には無理があるでしょう。なぜなら，先ほど述べたように，動きの「感じ」を愉しむ好みは子ども個々人によって違うし，「感じ」の愉しみ方やひろげ方も多様にあると考えられるからです。

　そこで，動きの「感じ」や「気づき」は子どもの側から生成されるものと考え，「その運動ならではのおもしろい感じ」を味わうことを学習過程の中心として授業を構成するのはいかがでしょう。これは伝達型の授業から生成型の授

業へのシフトチェンジともいえます。

　動きの「感じ」を中核とした生成型の授業づくりのモデルとして、「感覚的アプローチ」を導入した授業づくり（成家，2009）があります。この授業づくりでは、その運動の心地よさやおもしろさを学び合ったり、新たなその運動の心地よさやおもしろさを創造していったりする活動を重視しています。

　そのようにして、動きの「感じ」の心地よさやおもしろさを子どもたち自身の手で拓いていくことが生成型の授業では大切と考えられています。教師によるパッケージ化されたおもしろさをただ単に楽しむだけの授業とは、その点で大きく異なるといえるでしょう。

② 動きの「感じ」と「気づき」を中核とした学習観

　動きの「感じ」と「気づき」を中核とした学習過程を考えるうえで、子どもが学ぶということを、レイヴ，ウェンガー（Lave & Wenger, 1995），佐伯（2003）の正統的周辺参加論やガーゲン（Gergen, 2004）の社会構成主義の学習観に立ち「感覚的アプローチ」を導入した授業づくりの中で次のようにとらえました。

○（学ぶということは）子ども自身が授業におけるさまざまな要素とかかわりながら、その場に参加するプロセスそのものである

○（学ぶということは）場への参加プロセスの中で自ら工夫していく力を生み出していくことである

　このような学習観のもと、子どもたちは体を通して学んでいくことで、生涯にわたって運動と親しんでいく力の基礎を培っていくと考えています。そして、その参加の手がかりになるのが動きの「感じ」です。

　教師は子どもの側に立ち、その運動ならではの動きの「感じ」のおもしろさや心地よさを導き出し、それにふれられるよう授業にきっかけづくりを施していきます。以下、私（2011）が実践した「浮く・泳ぐ運動」の授業（4年生）を参考にしながら、学習過程について述べていきます。

(2) 運動の動きの「感じ」のおもしろさを大切にした学習過程

　授業づくりの中で根幹をなしてくるが動きの「感じ」です。そこで，授業づくりの第一に，子どもが行う運動ならではの動きの「感じ」のおもしろさを考えます。私は「浮く・泳ぐ運動」の動きの「感じ」のおもしろさを，以下のようにとらえました。

　○浮いたり，もぐったり，勢いをつけたりする感じがおもしろい
　○効率的に進む感じがおもしろい

　この授業では考えられた動きの「感じ」のおもしろさを，「浮く」「もぐる」「勢い」「進む感じ」という四つの視点から授業を考えました。さらに，この四つの視点はそれぞれ別々の関係としてとらえるのではなく，相互に関連し合っているものとして考えました。
　例えば，授業の前半部は「浮く心地よさを探そう」と投げかけ，子どもに浮く心地よさを探求する場面を設定しました。そして，このテーマに沿った動きをグループ内で紹介し合ったり，グループで新たにつくったりしました。その活動を通して，「浮く感じ」を味わい，それを友だち相互に交流することでひろげ，共につくることで深めるという意図をもったものでした。子どもたちは創意工夫を生かして学んでいきました。
　単元を通して授業の前半部は，「浮く」→「もぐる」→「勢い」といった流れで授業を構成していきました。また，後半部は「進む心地よさを探そう」と投げかけ，子どもたちが自分にとって心地よく進むということを思い思いに探求する活動を行いました。
　この授業における学びのプロセスは，「浮く・泳ぐ運動」ならではの動きの「感じ」のおもしろさを中核としながら，そのおもしろさにふれていくプロセスで試行錯誤し，自分たちで楽しみ方をつくり出し，さらに友だちとの交流などを通してひろげていくというものでした。

運動のもつ魅力に十分にふれ，さらにそのおもしろさをひろげていくことを重視しています。活動しているときの子どもたちは「もっと浮く感じを味わいたい」「もぐって進むって，気持ちいい」などという自らの思いや願いに沿って学びを拓いていきました。

授業では，「感じ」を実感できるよう「気づき」を促すきっかけづくりが求められます。例えば，自分が気づいたことをもう一度運動してまとめるということも考えられます。「気づき」として実感されたことを，再度運動することによって体で確かめる・深化させるといったものです。

「浮く・泳ぐ運動」の授業でも後半部でいったん，まとめをします。それは，目を閉じて「どのように動いたとき心地よさを味わったか」といったことを振り返ります。そして，再度自分のこだわりに合わせて動き，授業を終了しました。

このような授業の学習過程では「何かができるようになる」や「記録がどれくらい向上する」などということだけにとらわれるのではなく，ゆったりと体で学ぶことが保障されていたように感じます。

以前，よく研究協議会等で議論に上がっていたのは，「習得型の授業」か「探究型の授業」かという話題でした。しかし，これからの体育科授業を考えるときに，「習得型」「探究型」という二項対立軸で授業をとらえるのではなく，動きの「感じ」と「気づき」を中核に据え，その周辺を「習得」や「探究」が位置づくような授業づくりが求められてくるのではないかと考えます。

(3) 動きの「感じ」と「気づき」を大切にした学習形態

① 「感じる」を共有し合える学習形態

学習形態とは，学習活動や学習指導の組織的かつ方法的側面を表す用語でもありますが，ここでは組織的側面に焦点を当てて述べていきます。

子ども一人ひとりが料理の好みが違うように，感覚的なおもしろさの好みも個人差があるものと考えられることは，先ほども述べたとおりです。したがって，よく見られる単一の目標のもと一斉学習という学習形態では，学習内容と子どもの思いに分離が起こることがあるといえます。

「感じる」を共有するうえで大切なことは，技能差や志向性には違いがあって当然であり，異質の中でこそ「感じ」を媒介として学びが成立し深め合える，という組織風土（学級風土）でしょう。その組織風土と効果的な学習形態が相関し合うことで，「感じ」を共有し合える学びが生成されます。

　したがって，子どもたちが技能差や志向性の違いを受け入れながら，一人ひとりが思いきりプレイしたり，一人ひとりが役割を感じたりできる関係構造をめざしていきたいものです。

　「感じる」を共有し合える学習形態として，ペアやトリオ，少人数のグループ構成を基本として考え，そのグループ構成も固定的なものとしてとらえるのではなく，流動的で変化のあるものがよいでしょう。

　このような学習形態の一つに，ワークショップ形式の授業づくりがあります。ワークショップとは，中野（2001）によると「講義など一方的な知識伝達のスタイルではなく，参加者が自ら参加・体験して，共同で何かを学び合ったり，創り出したりする，学びと創造のスタイル」と定義されているもので，「参加体験型」の学習と呼ばれることもあります。

　私は，このワークショップ形式の学習形態を援用し，先に紹介した「浮く・泳ぐ運動」の授業を行いました。この授業では，まず個でテーマに沿った水の心地よさを探し，それをグループに紹介し，一緒に行います。その後，グループで気に入った動きを繰り返し行ったり，新たな動きをつくったりして学習していきます。単元の前半はグループ間で交流することも行いながら，さまざまな「感じ」を味わえるように展開していきました。

　このようなワークショップ形式の授業を用いることで，子ども相互の「感じ」を交換し合い，共有し，深め合うという学習の流れができたように感じました。

② 「気づき」を支える学習形態

　子どもたちは体いっぱいに動きの「感じ」のおもしろさを体感しています。しかし，授業で夢中になり没頭して活動している子どもには，おもしろい「感じ」は自覚しづらいものだと考えられます。また，常に動きの「感じ」にばかり気をとらわれていると運動のおもしろい世界に没入していくことを妨げてし

まうこともあります。夢中で活動して，その後に振り返ることで「感じ」に「気づく」ということもあります。教師は意図的に「気づき」を促していきますが，そのことも念頭においておくとよいでしょう。

授業においては，自分の感じたことを友だちに語ったり，もう一度行ってみたりするという「気づき」へのきっかけづくりが考えられます。単に学習カードに書くだけで「気づき」として成立するという見方は避けたいものです。

体育の授業は，子どもたちが身体で学んでいる時間です。だからこそ，「感じ」や「気づき」をペアや小グループというなかで交換し合うことで共有したり，再度行って動きでまとめをしたりすることで，さらに子どもの学びが深まっていくことでしょう。

授業に参加するすべての子どもたちが，運動の得意・不得意にかかわりなしに動きの「感じ」と「気づき」に体で向き合える学習形態を模索していってはいかがでしょうか。

(成家篤史)

〈引用・参考文献〉
ガーゲン著／東村知子訳（2004）『あなたへの社会構成主義』ナカニシヤ出版，pp.71-234
レイヴ&ウェンガー著／佐伯胖訳（1993）『状況に埋め込まれた学習』産業図書，pp.25-28
中野民夫（2001）『ワークショップ──新しい学びと創造の場』岩波書店
成家篤史（2009）「『感覚的アプローチ』を導入したとび箱運動の学習」『こどもと体育』No.148, pp.6-9
成家篤史（2011）「実践記録とふり返り（からだ）」『教育実践指導研究会発表要項』お茶の水女子大学附属小学校，pp.159-164
成家篤史・鈴木直樹・寺坂民明（2009）「『感覚的アプローチ』に基づく跳び箱運動における　学習の発展様相に関する研究」『埼玉大学紀要』58巻2号
佐伯胖（2003）『「学び」を問いつづけて』小学館，p172, pp.247-259
鈴木直樹（2007）「運動の意味生成を支える体育授業における諸要因に関する研究」『臨床教科教育学会』第7巻第1号

6 動きの「感じ」と「気づき」を大切にする「水泳」の学習評価
―― 新しいPDCA(Procedure-Dig-Change-(be)Aware)サイクルから考えよう！

(1) 学習評価の「これまで」と「これから」

① 体育の学習成果とは？

表1-3の①～③は，昭和40年，昭和60年，平成21年の小学校5年生女子の体力テストの結果の一部を載せた表です。どれが何年のデータであるか，わかりますか？大学生にこの質問をすると，全体の中で最も低く思われる②を平成21年であるとし，一番記録がよいように思われる③を昭和40年にする傾向があります。皆さんはどう思いましたか？　答えは，①が平成21年，②が昭和40年，③が昭和60年です。ほとんどの学生が，この質問に正しく答えることができませんでした。それは，たくましい高齢者像（すぐれた学習者）と頼りない若年者像（劣った学習者）のイメージを，体力テストの数値の高低で判断しているからです。

表1-3　体力テスト結果（昭40，昭60，平21）

	50m走	握力	反復横跳び
①	9.6秒	16.3kg	37.9回
②	9.5秒	15.5kg	33.7回
③	9.3秒	16.9kg	38.4回

このような体力テストの結果は，体育の学習成果の指標としてよく用いられます。しかし，このように体力テストで体育の学習成果を判断することは本当に可能なのでしょうか？　もし，このような平均をもって現代の子どもたちの体力の数値が低く深刻な状況であるというのであれば，それと変わらなかったり，むしろ低かったりする昭和40年代の子どもは，今の子どもたちと同様に深刻な問題を抱えていたといわれてもおかしくはありません。しかしながら，多くの人たちは，昭和40年代の子どもたちに体力的な問題を感じていません。すなわち，このことは，体育でいう体力の向上を単純に身体能力の出力だけで評価することに対する警鐘ともいえます。

② 学習評価の実際

右の囲みのような言葉は，子どもたちの成長を願い，発せられた言葉であると思います。そして，これらの言葉かけをよく耳にします。一方で，

> 「A美さんは，速いねえ。」
> 「B男君のフォームは，とてもきれいだね。」
> 「C太君は息継ぎが上手にできているよ。」
> 「D香さんは，脚の使い方が苦手みたいだね。」

これらの言葉からは，体の性能を高めることを中心にして運動のおもしろさをとらえ，単調なトレーニングにつながっている現状を垣間見ることができます。このような授業では，「足りない力（動き）」は何かを識別し，それを獲得させていくことに重きが置かれているといえます。すなわち，「体」をロボット（モノ）のようにしてとらえ，そのロボットに多くの動き方を覚えこませて，メモリを増やしていくような学習であったといえましょう。これは，体の動きを脳が支配しているととらえているといえます。しかし，平成10年改訂の学習指導要領で「心と体を一体としてとらえ……」が，体育の目標の大前提となったように，心身一元論的な見方から評価する必要があると考えられます。

③ 動きの「感じ」と「気づき」を大切にした学習評価

ライト（Light, 2008）は，心と体を一体としてとらえることは，学習における「身体」とその「感覚」の重要性を暗示していると述べています。近年，「習得」ということが強調されております。これを，心身一元論からとらえれば，身体で動くこと，感じること，考えることを通して，運動とかかわる学習者が，その世界に適応し，なじんでいくプロセスであるととらえることができます。つまり，学習している身体が何かを構造的に身に付けていくととらえるのではなく，身体そのものが変化していくことであるととらえることができます（Light, 2008）。言い換えれば，学習とは，学習者が「なっていくこと」のプロセスであるともいえます（Begg, 2001）。

例えば，水泳の授業で，学習者は，1本あるいは2本の指などで泳いだ後，何も振り返ったり考えたりすることなく，握りこぶしで泳ぎました。学習者は，このような経験を通して，動くことの「感じ」を味わい，水を押して移動する

身体に「気づいて」いきました。また，教師は，身体のあらわれから動きの「感じ」を探求する学習者の「気づき」を評価し，発問的かつ共感的指導に生かしていきました。この例にみるように，学習は，感覚的な認知であり，それは，自己内対話や自己と他者，自己と学びの場，自己と学びの文脈の間に生まれる身体そのもので感じる認知的な相互作用であるといえます（Gunn, 2001）。したがって，動きの「感じ」を評価（味わい）し，それに基づいた「気づき」を評価（変化を見取る）していくことが「学習と指導」と表裏一体となった評価につながっているといえます。

(2)「これから」の学習評価を実践してみよう！

① Step 1：学習評価について考え直そう！

学習評価の機能は，「①学習者の自己理解・自己評価の支援」「②指導の改善の手がかり」「③結果の証明を記録するための基礎資料」として機能すると考えられてきました。とりわけ，指導の説明責任と指導の結果責任が強調され，③の機能が，学習評価の考え方を代表しているようにさえ思われてきました。したがって，「評価しなければならない。評価があるから……」といった考え方に基づく，他律的かつ管理的な評価が実践されてきたといえます。

しかしながら，宇土（1995）は，③を補助的機能であるとし，評価の主たる機能は，目的的機能である①と手段的機能である②としています。つまり，図1-3のような構造が成立しており，この二つが不分離な関係となる円の重なりの中心に，学習と指導と一体となった教育性の高い評価を見出すことができます。した

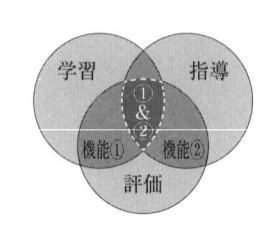

図1-3　評価の構造

がって，学習者が動きの「感じ」にふれ，その中で「気づく」①の機能と，指導者が，動きを「感じ」て「気づき」を見取り，かかわる②の機能が，調和していくことに一体化を見出すことができます。まずは，学習評価を学習や指導と一体となった，それらをよりよく支えるものであるという考え方から見直していきましょう。

② Step2：評価計画を構想しよう！

次に，評価を実践するうえで，その計画を立ててみましょう。

動きの「感じ」と「気づき」を大切にした評価には，三つの位相があるといえます。それは，動きの「感じ」における評価と「気づき」における評価と，これらの全体を学びのまとまりとしてとらえた評価です。これは，図1-4のように，動きの「感じ」を当該単元でめざしていく方向性としてとらえ，「気づき」を学びの姿からとらえて評価規準を設定していくことができると考えられます。

図1-4　動きの「感じ」と「気づき」から考える評価規準

例えば，用具を投げる運動として「身体と用具が一つのようになってなめらかに動き，力強く用具が押し出されていく感じに触れながら（「感じ」），身体全体の動きについて繰り返し経験し，試行錯誤し（学びのプロセス），私が用具を投げる動きと運動の関係に気づいている（「気づき」）」というように，「意欲・関心・態度」「思考・判断」「技能」を一体として評価規準を設定することが可能でしょう。このような評価規準に立った見取りのなかで，それぞれの観点の学びとそのつながりが明確になり，評価が機能していくと考えられます。したがって，「感じ」と「気づき」が「いま-ここ」でどのように起きているかを評価し，「なっていきたい」自分を学習者が見出し，教師が見取ることを可能とします。

③ Step3：学習評価を導入しよう！

動きの「感じ」と「気づき」を大切にした評価の実践を考えるうえで，ボール運動・球技の授業づくりで，グリフィン（Griffin, 2005）が提示した伝統的な学習モデルと新しい学習モデルの違いは興味深い考え方を示しています（次ページ表1-4）。

表1-4 伝統的学習モデルと新しい学習モデルの比較 (Griffin, 2005；鈴木改変)

		伝統的な学習モデル	新しい学習モデル
身体観	身体観	心身二元論	心身一元論
目 標	目標	文化を伝承すること	文化を生み，応用すること
	成果	パフォーマンス	思考と意思決定
教 授	指導	教師中心	子ども中心
	学習内容	技術に基づいている	コンセプトに基づいている
	状況	教師と子どもの相互作用	多様なかかわりによる相互作用
	教師の役割	情報の伝達	問題解決の支援
	学習者の役割	受動的に学ぶこと	能動的に学ぶこと
	評価	修正・調整（フィードバック）	学んだことの証明と学びのプロセスへの寄与

　伝統的な学習モデルでは，学習者は，提示された動きを身に付けていくために，モニターする役割を評価が担うと考えられます。つまり，動きが正確にできているかどうかが評価され，修正・調整するなかで動きを学んでいくといえるでしょう。一方，新しい学習モデルは，「いま-ここ」で学習者が，多様なかかわりのなかで動きをひろげていくために，ビューワーする役割を評価が担うと考えられます。つまり，動いている「感じ」を味わっている世界が，解釈され，提示され，学びを共有し，「気づき」を促し，それが履歴として「いま-ここ」を支えていく評価になっていくといえます。したがって，評価の導入には，三つの位相を表1-5のようにとらえ，実践していくとよいでしょう。

表1-5 評価の三位相

評　価	評価の具体的な行為
「感じ」の評価	「感じ」の解釈
「気づき」の評価	「気づき」の振り返り
全体の評価	学びの見取り

④　Step4：学びを見取る

　とはいっても，学びを見取るということは簡単なことではありません。そこで，この学びの見取りをするために，学習者がふれている動きの「感じ」と「気づき」ということに注目して，学習者の行為規準として設定しておきましょう。これは，教師や学習者の学びの支援となるはずです。

以下，作成手順について説明をします。
a）ふれてほしい動きの「感じ」を明確にする。
b）学習者の個人的特性を踏まえ，その履歴の道筋について方向づける。
c）「気づき」の出来事と内容について考える。
d）動きの「感じ」と「気づき」に注目して学びを見取る行為規準を作成し，授業実践に役立てる。

表1-6　見取りのための行為規準例（石塚諭教諭の実践報告より）

		無意識・・・・・・・・・・・（気づき）・・・・・・・・・・・意識		
	「気づき」「感じ」	動きのおもしろさへの「であい」	動きのおもしろさへの「気づき」	動きをおもしろくするための「工夫」
違和感	身体がぎこちない不安定な「感じ」	陸上では味わえない水中での感覚のおもしろさにであっている。	巧みな身体の使い方に気づき，行い方を試している。	よりおもしろくするための動きを工夫して，水中での活動を楽しんでいる。
（感じ）	身体が新たな動きや場に対応できたりできなかったりする「感じ」	動きや場を崩すことで，うまくできるかできないかを試し始める。	身体の動きを調整してスムーズに移動したり，もぐったりできるかどうかを楽しんでいる。	他ペアの行い方の違いを共有し，できるかどうかを楽しんでいる。
一体感	身体が場によって対応しながら巧みに動く「感じ」	崩してきた動きが「自分の動き」に変わり，巧みに進むことを感じている。	さまざまに身体の動きを調整して心地よく移動したり，もぐったりすることを楽しんでいる。	仲間と移動したり，もぐったりすることの動き方を工夫し楽しんでいる。他ペアの工夫を自分たちに取り入れ楽しんでいる。

(3)「学習評価」から「学び評価」へ新しい"PDCA"サイクル

　学習評価は，PDCA，つまり，Plan-Do-Check-Action のサイクルの中でとらえられることが一般的です。しかし，これは，「獲得モデル」の伝統的な学習の考え方に立って考えられる場合が多いように思われます。それは，獲得するモノを身に付けるための活動のプランを考え，その練習を行い，そこで出力された結果を計画と比較して比べ，修正して新しい学習行為と指導行為を繰り返

していくように授業を考えがちであるためです。

　一方，動きの「感じ」と「気づき」を大切にした「水泳」の学習を考えた場合，まずは「やってみて」そこから「感じ」を生み出すことが大切です。「感じ」は，やってみなければ味わえず，生まれません（Procedure）。そして，その「感じ」に支えられながら，こだわりをもった探求をしていきます（Dig）。この探求のなかで，「なっていく」という変化を繰り返し，学習を進めていきます（Change）。そして，その変化のプロセスのなかで「気づき」を振り返り，「いま−ここ」での「なっていきたい」自分を見つめていくといえるでしょう。「感じ」と「気づき」を大切にした評価は，「やってみる」─「ひろげる」─「ふかめる」という学習過程（細江・池田ら，2009）における評価ともいえます。　　　**（鈴木直樹）**

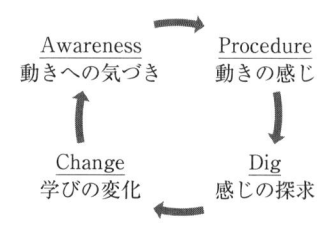

図1-5　新しいPDCAプロセス

〈参考文献〉
Begg, A. (2001) Why more than constructivism is needed. In S. Gunn & A. Begg (Eds.), Mind, Body & Society：Emerging understandings of knowing and learning (pp. 13-20). Melbourne：Department of Mathematics and Statistics, University of Melbourne.
Griffin, L. & Butler, J. (2005) Teaching Games For Understanding：Theory, Research, And Practice, Human Kinetics.
細江文利・池田延行ら（2009）『小学校体育における習得・活用・探究の学習　やってみる ひろげる ふかめる』光文書院
Light, R. (2008) Complex Learning Theory-Its Epistemology and Its Assumptions About Learning：Implications for Physical Education. Journal of Teaching in Physical Education, 27, Human Kinetics, Inc. pp.21-37
宇土正彦（1995）『体育学習評価ハンドブック』大修館書店

第 2 章

「水泳」Q＆A

1 現状と課題
―― 「水泳」に関する教員の意識調査結果

〈実施時期〉 平成23年度1学期～3学期
〈実施場所〉 新潟県，栃木県，茨城県，神奈川県，東京都（小学校）
〈調査結果〉 1～5年経験者27名，6～10年経験者21名，11年以上経験者42名

【調査結果】

(調査1) 水泳領域の授業づくりを他の運動領域（体つくり・器械・陸上・ボール・表現）と比べてお答えください。

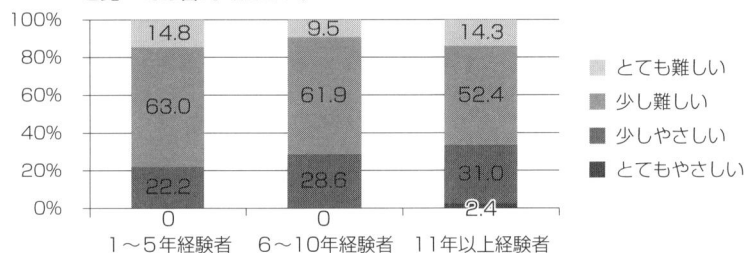

	1～5年経験者	6～10年経験者	11年以上経験者
とても難しい	14.8	9.5	14.3
少し難しい	63.0	61.9	52.4
少しやさしい	22.2	28.6	31.0
とてもやさしい	0	0	2.4

(調査2) 水泳領域の重要性をどのように感じていますか。

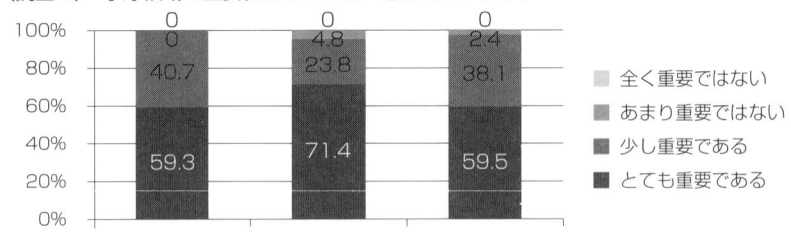

	1～5年経験者	6～10年経験者	11年以上経験者
全く重要ではない	0	0	0
あまり重要ではない	0	4.8	2.4
少し重要である	40.7	23.8	38.1
とても重要である	59.3	71.4	59.5

（調査1）では，1～5年経験者の8割近くが他領域と比べて水泳の授業に難しさを感じていることがわかりました。経験年数が上がるとその割合は減りますが，多くの教員が他領域に比べて水泳の授業づくりに難しさを感じていることがわかります。そして（調査2）では，ほとんどの教員が水泳の重要性を感じているという結果が出ました。つまり，多くの教員にとって，水泳は授業づくりが難しい領域であるが，重要な領域であるととらえられているようです。

（調査3）「水遊び」（1・2年生），「浮く・泳ぐ運動」（3・4年生），「水泳」（5・6年生）の内容の特徴（または違い）についてどのくらい理解していますか。

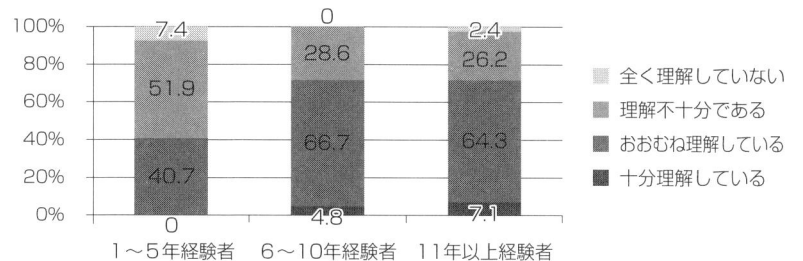

	1〜5年経験者	6〜10年経験者	11年以上経験者
全く理解していない	7.4	0	2.4
理解不十分である	51.9	28.6	26.2
おおむね理解している	40.7	66.7	64.3
十分理解している	0	4.8	7.1

（調査4）「水遊び」（1・2年生），「浮く・泳ぐ運動」（3・4年生），「水泳」（5・6年生）のそれぞれの特徴（または違い）を意識して指導していますか。

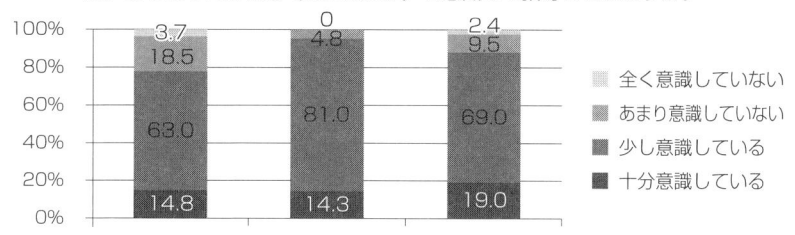

	1〜5年経験者	6〜10年経験者	11年以上経験者
全く意識していない	3.7	0	2.4
あまり意識していない	18.5	4.8	9.5
少し意識している	63.0	81.0	69.0
十分意識している	14.8	14.3	19.0

　水泳領域が重要だと認識している教員がほとんどでしたが，（調査3）では，1〜5年経験者の6割，6年以上の経験者で3割近くが水泳領域の内容の特徴または違いに対して理解が不十分だと答えています。つまり学習指導要領に示された内容を理解し，水泳の重要性を認識しているのではなく，教員のこれまでの経験，または，感覚的に重要性を認識していることになります。しかし（調査4）の「特徴または違いを意識して指導しているか」という質問に対しては，6年以上の経験者でいえば9割近くが意識していると答えています。内容理解が不十分であるのに，指導する際には低中高の発達段階を意識している教員の割合が高くなるということです。やや矛盾しているように感じますが，泳法の習得といったゴールイメージがはっきりとしていれば，段階を追った指導が可能だと考えることもできます。
　以上の調査結果から，重要だと認識されている水泳領域において「なにをどのように」指導していくのかという授業づくりに対する教員のニーズがうかがえます。しかし，現状では「なにを」の部分の理解が進まぬまま「どのように」という指導法のみが理解され，用いられているおそれがあることもわかりました。

（石塚　諭）

2 「水泳」Q&A

Q1 個人差にどのように対応したらよいか教えてください。

> 以前に比べ，泳げない，水にもぐれない子が増えたように感じます。また，スイミングクラブに通っている子とそうでない子の泳力差も大きく，一人ひとりの実態に応じて指導することの難しさを感じています。このような個人差に対応する指導の仕方を教えてください。

A 水という非日常的な感覚を味わえる世界だからこそ，教師も子どもも「泳げる-泳げない」という泳力差に注目しがちです。そして，「泳力差＝個人差」というように教師はとらえてしまいがちです。しかし，「泳力差＝個人差」という見方には危うさをはらんでいます。なぜなら，個人差という言葉には身体成熟という意味での個人差もあるでしょうし，運動経験という意味での個人差もあるでしょう。さらに，運動の好き嫌いという情意面でも個人差があると考えられます。

つまり，さまざまな面からの個人差が見られ，泳力差という言葉よりも広くとらえたほうがよい言葉なのです。そして，このようにとらえると個人差があって当然ですし，むしろ，個人差がないほうが不思議なくらいです。その意味で，授業づくりをする際に，個人差があるものという前提に立って考えていく必要があるといえます。

さて，「感じ」と「気づき」を大切にした水泳授業では，個人差があることによって差異が生まれ，それを生かすことで感覚体験がひろがります。したがって，個人差を積極的に生かすという考え方に立ちます。

私が実践した水泳を例にして考えていきます。5年生のある授業で「沈む感じを楽しもう」と子どもに投げかけて授業を行いました。そのとき，子どもたちはおへそをプールの底につけるように沈んだり，あお向けで沈んだり，横向きで沈んだりなどさまざまな沈み方を行って，その活動を楽しみました。

そのなかで、友だちと手をつないで沈んでみたり、沈んで進んでみたり（潜水）する姿も見られました。このように楽しみ方が異なるのも個人差といえます。子どもたちは活動しながら、他者の動きを意識しています。子どもにとって「これはおもしろそうだ」や「これならできそうだ」などと思うのは、友だちの活動している姿から誘発されます。また、自分とは異なることを行っている友だちのまねをすることもあります。つまり、個人差が響き合うことでさらに感覚体験をひろげることができるのです。これが個人差を生かすということです。

　また、この単元ではワークショップを行い、それぞれのグループ内で沈み方をまねし合ったり、他のグループにおもしろかった沈み方を紹介し、一緒に行ったりしました。

　このように個人差があるから深まる学習もあるのです。そして、異質な個人の思いが行き交う呼応空間にこそ、自分一人では思いつかなかった動きやおもしろい発想が生まれるものです。授業の見方を少し変えるだけで、個人差の見え方も変わってきます。皆さんも個人差を生かす授業に取り組んではいかがでしょうか？

（成家篤史）

Answerを聞いて…

　いままで私は、泳力差と個人差を一緒にとらえていました。今回の回答を読んで、さまざまな個人差があること、そして個人差がない授業など確かにないのだと思いました。水泳指導ではもちろん苦手な子へのフォローの仕方や楽しんでもらえるような工夫、声かけ、技術面での指導など、さまざまな面から子どもへ支援してきたつもりでした。しかし、その私の視点は、「泳げるようにするために」という意識が強かったように思います。

　今回教えていただいた「感じ」と「気づき」を大切にした授業では、その個人差を生かす授業ということで自分の考えていた水泳授業とは全く違う授業展開で新しい発見でした。なんて魅力的な授業だろうと思いました。小学生はさまざまなことに敏感です。子どもたち一人ひとりが言葉を交わしながら水を感じることができるのはこのときしかないのかもしれないと思いました。互いに新しいもぐり方を発見したり、そこから子どもなりの水とのかかわり方ができたりすることで、できる子も苦手意識をもっている子も個人差があるからこそ、同じ場に立ち、学び合うことができるすてきな授業だと思いました。

（東京・3年目・女）

Q2 子どもたちが主体的に学ぶための目標設定の方法を教えてください。

> 高学年になると，すでに数種類の泳法で何mも泳げるような泳力の高い子がいます。授業では，そのような泳力の高い子への目標の与え方を悩んでいます。子どもたちが主体的に学ぶための目標設定の方法を教えてください。

A 目標とは，何を指すのでしょうか。単元の目標を指すのでしょうか。それとも個人の課題を指すのでしょうか。質問の文脈からすると技能の高い子への課題のもたせ方ということになるでしょうか。しかし，常に教師が子どもに課題を与えるものなのでしょうか。

単元の目標を設定するのは，もちろん教師です。そのねらいに迫るための手だてを教師は考えます。子どももねらいに迫るために課題は何なのか，そして課題を解決するための方法を考えます。いわば，ここからは教師と子どもの協働作業です。個人の課題を目標ととらえているとするならば，基本的に教師が与えるものではありません。子どもが自ら「感じ」や「気づき」を通して課題を見出していくことです。

表2-1 伝統的な結果を重視する直接的アプローチと認知的な過程を重視する間接的アプローチの比較（筆者訳）

伝統的な結果を重視する直接的アプローチ	認知的な過程を重視する間接的アプローチ
教科中心	学習者中心
教師が教える	学習者が探求する
学習者の豊富な動きの経験を配慮しない	学習者の豊富な動きの経験を役立たせる
学習者は比較的受動的な役割を担う	学習者が自らの学びのための責任を担う
教師がエラーを確認し，修正を指示する	学習者がエラーを確認し，調整する
最初の段階では，ほとんど時間を消費しない	最初の段階では，時間を消費する

J. Ainsworth & C. Fox (1989) "Learning to learn : A cognitive process approach to movement skill acquisition," Strategies 3 (1) : 20-22.

そうでなければ，課題は自分のものになっていくことは難しいでしょう。表2-1に示す「伝統的な結果を重視する直接的アプローチ」では，子どもたちは受動的な役割を担い，課題を達成した子からは，「先生，次に何をやればい

いんですか？」という質問を受けることになりかねません。この言葉は、子どもにとって教師が課題を与えてくれることを前提としています。教師は、そこでどのような課題を与えればよいか悩むのです。これは、課題（めあて）が内発的動機づけに基づいたものではないことの証です。したがって、学習には課題発見および解決に向かっていくための幅をもたせてあげることが大切です。教師が単元のねらいをしっかりと見定めている以上、ある程度の教師による準備が最初は必要となります。しかし、その後は教師だけで行う作業ではなく、子どもと協働して探求していくための場づくりが必要なのです。幅をもたせるためには、子どもが思考・判断・意思決定し、実践することのできる場でなければなりません。試行錯誤する余地がなければ、単なるトレーニングの場と化してしまうおそれがあります。課題は一方的に与えられるような受動的なものではなく、自ら主体的にもつ能動的なものです。

　日本の子どもは課題解決能力には長けているとよくいわれます。これは、答えてほしいことにきちんと答える能力です。これは教師の要求レベルをつかむことが前提となります。しかし、教師が個々の子どもたちの課題を設定し、「あなたはこれが課題です。このメニューをやるのですよ」では、不十分です。これまでの学習は、「与えられた問題を最も効率よく解く」ことに終始してきてはいないでしょうか。それは、学びの一部でしかないと考えます。現代社会において問題発見能力に課題があるといわれます（齋藤, 2001）。与えられた課題については、即座に答えていくことはできるのですが、自らが問題は何なのか、それを明らかにすることは苦手な傾向にあるようです。いま置かれている状況を認識し、課題（問題）を発見することも重要な学びです。

　このように学びをとらえた場合、上記の質問に答えていくためには、単元のねらい（目標）をテーマとして設定し、学びの方向性を示していくことが有効であると考えます。一つの終着点（例えば、「25mをクロールで泳げるようにしよう」）として目標を実体的または量的に結果（達成）重視で学びをとらえるのではなく、探求していく方向性をテーマ（例えば、「水の心地よさを味わえる泳ぎを見つけよう」）として示し、その方向性に向かっていくプロセスを

学びととらえるのです。つまり，何を感じて，何に気づき，テーマに迫るために自分はどうしていきたいのかを問うのです。換言すれば，水との関係性を重視し，その関係の質を高めていくための方向を子どもと共に探求していくことになります。そのためには，42ページの表2-1の「認知的な過程を重視する間接的アプローチ」が示すように，豊かな活動とその活動を振り返るプロセスを保障しなければなりません。そこから子どもたちは課題（価値・意味）を見出し，主体的に取り組もうとするのです。そのほうが，生涯スポーツの理念にマッチしませんか。

(寺坂民明)

〈参考文献〉
Graham, G.（2008）Teaching Children Physical Education Becoming a Master Teacher Third Edition Human Kinetics, p.174
齋藤嘉則（2001）問題発見プロフェッショナル「構想力と分析力」ダイヤモンド社

Answerを聞いて…

泳力の高い子どもへの課題設定は，私も困っていたので参考になりました。私はいままで「○○で～m以上泳げる」という結果を求めてきました。しかし，泳力の高い子どもは水泳の学習が始まった時点ですでに目標を達成していました。ですから，たくさん泳ぐことが活動の中心となり，トレーニングのような授業になっていました。そして，今回の回答を読み，このような授業にはほとんど「学び」がなかったことに気づかされました。「認知的な過程を重視する間接的アプローチ」はとても魅力的です。子どもが受け身ではなく，主体的に学習に参加し，自ら課題を見つけ，自らの力で自分を変えていく姿が学びの姿として表れてくることが期待されるからです。また，泳ぐことの楽しさや水の心地よさを味わうことにもつながると感じました。水泳の学習の目的は何か，子どもたちに何を学ばせるのかをあらためて考え，これからの授業づくりをしていきたいと思います。

(新潟・10年目・男)

Q3 大人数での効果的な指導の方法を教えてください。

指導上の理由で2学年合同（4クラス）での水泳指導となり，120名近くの大人数で授業を行っています。もう少し人数を抑えてできれば，よりよい指導になると思うのですが，現実だと厳しいです。どのようにすれば大人数でも効果的な指導が可能になるか教えてください。

A 学校や学年の事情によって，指導の内容というより枠組みの問題でお困りの先生方は多いのではないでしょうか。水泳系の授業はプール以外では指導できませんから，限られた条件のもと，効率のよい指導が求められます。

私の勤務校も時間割とプールの使用期間の関係から，1年生から3年生までは，120名で授業を行っています。しかも1回の授業が，40分という短い時間で行っていますから，効率よく授業を進めないと「何もしないで授業が終わってしまった」ということになりかねません。そこで，次のことに留意して授業づくりを行っています。

一つめは，授業のねらいや内容を参加者全員で共通理解しておくことです。本書では「感じ」と「気づき」を大切にした授業づくりを提案しています。その際に，常に念頭におきたいのは「ふれさせたいおもしろさ」です。私は，子どもたちに「テーマ」という言い方で伝えます。授業のはじめに子どもと共通理解したテーマは，授業の中で何度も繰り返し伝えます。いったんテーマから逸れると，人数が多い分，修正することに時間を費やしてしまいます。そのため大人数での授業では，テーマから逸れないことに気を配ります。担当する教師の人数も多い分，テーマに沿った場を用意することも可能です。

二つめは，それぞれの教師の役割や動きをきめ細かく分担しておくことです。まず，決めておきたいことは各教師が授業中にいる「場所」です。安全確保の観点からも事前に計画しておくことは必要です。また，その場所で教師は「どんな動きをするのか」ということも事前に相談しておきたいところです。「どんな声をかけるか」「一緒に動いて『感じ』を味わうのか」「手を引いて補助するのか」など，テーマの中身や進みぐあいによって異なりますが，中心になる

教師以外の教師が，ただなんとなくいるだけでは指導になりません。各教師が，それぞれ他の教師の役割を把握し臨機応変に動くことが大切です。

　さらに「どのように動くか」を意識しながら「どんな子どもの姿を見取るのか」ということも大切にしたいことです。子どもの人数が多いということは，指導する教師の人数も多いということです。私は事前に他の先生方に「こんな子がいたら取り上げたいので教えてください」とお願いしておきます。例えば，1年生で「水中かけっこ」をした場合は，A先生には「腕をよく使って進んでいた子を見てください」，B先生には「イルカのジャンプのようにして進んでいた子を見てください」，C先生には「後ろ向きで進んでいた子を見てください」などと，見てほしい動きを示しておくこともあります。そうすることで大人数でもテーマに沿った動きを効率よく取り上げることができます。私の実践では，実際に動きをひろげることにも役立ちました。また，水が苦手な子の動きも把握し，ときには手を取りながらその子がどのように参加の仕方を変化させていくかを見取ることも大切です。それぞれの教師で分担しておきたい役割です。

　三つめは，授業後の話し合いを充実させることです。複数の視点で授業を振り返ることで自分には気づかなかった発見や収穫があるかもしれません。時間を捻出することは大変かもしれませんが，経験の異なる教師間での振り返りは，次回の指導をさらによくするための準備につながります。大切なのは，かかわる教師全員で授業づくりを行うことだと考えます。

（石塚　諭）

― Answerを聞いて…

　私も学校の事情で大人数の水泳授業を行わざるをえず，複数の教師で授業を進めています。私の担当学年では，4クラス135人で水泳の授業を行っています。私が中心となって進めることが多く，その日のねらいや指導方法ばかりを一人で考えて，他の先生方と話し合ったり，相談したりということをつい後回しにしてしまうことがあります。授業後に，教師がうまくいったように感じても，子どもたち一人ひとりに行き届いた指導になっていないのかもしれません。一人で頑張って授業計画を立てて進めるよりも，大人数の場合は教師同士が指導内容と役割を共通理解したほうが，一人ひとりにきめ細やかな指導ができると感じました。また，話し合うときは授業の進め方だけではな

く，めざす子どもの姿を具体化し，その姿を教師同士が共有することがとても大切だとわかりました。

(新潟・3年目・男)

Q4 「泳力検定」について教えてください。

水泳指導の際に校内で決めている「泳力検定」を使っています。級が上がることを励みにしている子もいれば，逆に意欲がもてない子も見られます。また「泳力検定」の中身の検討や内容の設定の方法もどのようにするとよいのか困っています。「泳力検定」の必要性や活用方法を教えてください。

A ご指摘のとおり，「泳力検定」を使うことで，泳力のある子どもには，より長く，より速く泳ごうとして学習意欲を高めることができますが，なかなか上達しない子どもには，学習意欲を下げてしまうことがあります。しかし，現場の実情（学校全体の指導や地域の実態から）で泳力検定をせざるをえない状況を理解し，以下のように活用されてもよいのではないでしょうか。

「泳力検定」の距離やタイムは，各学校，各地区などで，子どもたちの泳力に合わせて設定すればよいものです。そうはいっても，なかなか基準が定まらず，資料が必要になれば，㈶日本水泳連盟が出している「泳力検定基準表」を参考にされることをおすすめします。この検定を活用することで，連盟から公認（社会的な認定）を受けたような気分を味わえたり，実際に申請することで認定証を得たりすることができます。ところが，この基準表が5級からの設定となっており，学級の2割程度の児童が，その5級の基準値に達することができないと予測できます。そのような子どもには，教師がどのような支援をすればよいのでしょうか。方法は，二つあります。一つめは，新たに6級，7級と，上達しにくい子どもでも到達できそうなタイムを各学校で設定する方法です。6級以下は，認定制度の利用はできませんが，どの子も級を取得することができ，新たな級をめざして意欲的に学習を進めることができます。二つめは，5級の基準値までのタイム差を算出して，そのタイム差を少しでも縮めることを学習意欲につなげる方法です。例えば，学習前は，5級から20秒もの差があ

った子どもが，学習後に，その差が13秒となり，7秒縮めることができたとしたら，その子にも達成感を味わわせることができます。

　しかし，「泳力検定」に到達させることを単元目標にすることは，やめるべきです。水泳の授業で，目標タイムや距離に達成したからよかった，達成しなかったから学習の成果がなかったと，技能面だけで子どもの学びを見取るのは避けてもらいたいです。子どもたちは，目標達成のために何らかの努力や体験を積んできたはずです。それだけに，「5級から4級になったのは体の使い方を考えながら練習していたからだと思う」または，「タイムをなかなか縮めることはできなかったけど，水に浮かぶ体感はしっかりできた」という学びの履歴と，習得したものを子どもが学習後に自覚して，それを教師が承認してやれば，子どもは自分の学習を肯定することができます。子どもが意欲的になり，何度も何度も泳いでいけば，自ずと泳力を身に付けることができるはずです。だから，「泳力検定」は，あくまで学びの手段として活用し，子どもたちが学習意欲をもって，いろいろな浮き方や泳ぎ方を学ぼうとする学習をめざしてほしいと思います。

　　　　　　　　　　　　　　　　　　　　　　　　　　　　　（大橋　潔）

Answerを聞いて…

　「泳力検定」は，私の勤務校でも行われており，子どもたちは，毎年水泳の時期になると，「今年は○級に合格したい」というように，検定を励みに水泳学習をしています。水泳が得意な子もそうでない子も，励みになるという点では，「泳力検定」は役立っていると思います。

　回答を読んで，検定に合格するのを目標にするのではなく，教師自身が，子どもたちの学習の「気づき」を認め，励ますことで意欲をもたせることが大切だと感じました。合格しなかったから学習していないのではなく，子どもたちが何を学んだか，できるようになったかを気づくことが大切だと思います。そのためには，教師自身が，ポイントをしっかり伝え，どんな小さな学びであっても認めて励ましていくことが，子どもの意欲を高めるために必要だと思いました。また，「泳力検定」は学習の手だてであり目的ではないことを教師自身も自覚し，何が大切なのかを子どもたちに伝えていく必要があると思いました。

　　　　　　　　　　　　　　　　　　　　　　　　（東京・4年目・女）

Q5 「水遊び」と「浮く・泳ぐ運動」「水泳」の違いを教えてください。

> 低学年や中学年の水泳指導において基本的な「浮く」や「ばた足」「泳ぐ」などの適切な指導の仕方がよくわかりません。学習指導要領では，低学年は「水遊び」，中学年は「浮く・泳ぐ運動」，高学年は「水泳」となっていますが，指導する際に意識することが具体的にイメージできません。内容にどのような違いがあるのか具体的に教えてください。

A 水泳は，従前は4年生からの指導でした。平成20年改訂の学習指導要領では3・4年生が「浮く・泳ぐ運動」に変わり，水泳は5年生からになりました。泳法に向かう前の「浮く・泳ぐ」経験が大切であり，水の中の楽しさや心地よさを十分味わわせることを大切にしたと考えられます。指導内容の明確化と発達段階に合わせた系統性重視の現れでしょう。

水泳の学習は水の中に入るという非日常的な体験から始まります。水自体に特性があります。技能に絞って学習指導要領の例示の系統性をみていきますと，下表のとおりです。

1・2年生	3・4年生	5・6年生
ア　水に慣れる遊び ○水につかってのまねっこ遊び，水かけっこ ○水につかっての電車ごっこやリレー遊び，鬼遊び	ア　浮く運動 ○伏し浮き，背浮き，くらげ浮きなど ○け伸び	ア　クロール ○25～50mを目安にしたクロール
イ　浮く・もぐる遊び ○壁につかまっての伏し浮き，補助具を使っての浮く遊び ○水中でのジャンケン，にらめっこ，石拾い，輪くぐり ○バブリングやボビング	イ　泳ぐ運動 ○ばた足，かえる足 ○連続したボビング ○補助具を使ったクロールや平泳ぎのストローク ○呼吸を伴わない面かぶりクロール，面かぶり平泳ぎ ○呼吸をしながらの初歩的な泳ぎ	イ　平泳ぎ ○25～50mを目安にした平泳ぎ

低学年の「水に慣れる遊び」では，水に入った感覚や移動する感覚を十分楽

しませる活動があげられています。浮く・もぐるという感覚的なおもしろさとバブリングやボビングという呼吸に関する記述があることに長くゆっくり泳がせる意図を感じます。バブリングでは，口を少し水につけてピンポン球を吹き合うアクティビティなども自然に思いっきり息を吐くことができ，有効です。ボビングを斜め前に飛ばすことにより，ドルフィンキック平泳ぎの動きに変容してきます。中学年になると，「泳ぐ」が加わりますが，ここではクロールや平泳ぎを身に付けさせるという考えをあまり強くしないほうがいいでしょう。

「浮く」や「ばた足」「泳ぐ」などの適切な指導の仕方という質問ですが，私が行った2・3年生の水泳の授業と絡めて話します。「感じ」と「気づき」を大切にした授業では，教師が例示をするのではなく，「どんなもぐり方ができるかな」と子どもに委ね，試行錯誤をさせていきます。ペアやファミリー（ダブルペア）で友だちのもぐり方をまねしてみる活動から，動きと感覚の共有を図っていきます。

「手のエンジン・足のエンジンを使って，もぐって進んでみよう！」という教師の発信に，子どもたちはいろいろな方法を使って，水中を進もうとします。「手の形は，グー，チョキ，パーのどの形がいいのかな」など，水をつかむ感覚をいろいろな手の形で感じさせました。水中でのばた足は，膝の曲がりが少なく効率的なばた足になります。水中ではクロールをしません。子どもの発想は豊かで，いろいろな動物に変身して，水の中を思うように進めない不自由な身体から，水の中でも自在にコントロールできる身体へと変容していきます。「先生，見て見て！　ヘビをやるよ」と，水中でくねくねしながらばた足で進む子に教師の固定観念を壊されました。

「泳ぐ運動」では，手がクロール・足が平泳ぎや，あお向けで手がバック・足がドルフィンキックなどの多様な手のエンジン・足のエンジンが組み合わされました。回転しながら進む子もいました。水が嫌いでプールを見学していた子どもが，授業の様子を見て学習に参加し，見学者はほとんどいなくなりました。

「空気というガソリンを入れて，長く泳げるかな」の発問に，子どもたちは息継ぎをして泳ごうと試行錯誤を始めます。このように，浮く・泳ぐ活動をし

た子どもたちは，クロールや平泳ぎという近代泳法を身に付けることはそう難しいことではないと思います。近代泳法より難しい組み合わせを駆使して泳ぐことを経験しているからです。学年の先生方は，「水を怖がる子がいなくなったし，泳力も伸びた」と見取っていました。

低・中学年の指導内容は，泳法を身に付けるということではなく，水の中の身体感覚を養っていくことに重点をおいたほうがよいと考えられます。また，高学年においても泳法が示されていますが，身体感覚を大切にした指導を心がけていきたいものです。

(濱田敦志)

Answerを聞いて…

2年生の水遊びでは，水の中で思いきり動き回ることの楽しさを味わってほしいという思いをもって授業に臨みました。しかし，学習を進めているなかで系統性を意識するあまり，上位学年につながる運動経験をたくさんしてほしいとの思いから，つい教師の出番が多い学習を展開してしまいました。Answerを読んで振り返ると，柔軟で豊かな子どもたちの発想を生かすことができなかった授業であったと反省しました。また，主役である子どもたちが満足するのではなく，教師が満足して終わる授業になっていたのではないかと恥ずかしくなりました。

水泳の学習では特に子どもたちが，「やってみたい！」「こうしたらいいんじゃないかな」と思わず動きだしたり，考えだしたりしてしまうような，学年に応じた教師の発問が重要であると強く感じました。

これからは，動きの「感じ」と「気づき」を大切にして，子どもたちの活躍の場があふれる柔らかい授業づくりを心がけていきたいと思います。

(長崎・7年目・男)

ちょっと一息

楽に泳げる息継ぎのコツ

　楽に泳ぐには，息継ぎが大切なポイントです。このことは，いずれの運動も同様で，呼吸の乱れがフォームに連動してパフォーマンス（上手に泳ぐ，長く泳ぐ，速く泳ぐ）の低下の原因になるからです。

　息継ぎの指導では，多くの指導者により「ウーン，パッ」方式が採られています。「ウーン」という指示は鼻から息を吐き出す意味で特に問題はありません。一方，「パッ」という指示は，十分に息を吸い込むことにつなげるために口を大きく開けて息を出しきる指導の方法であるでしょう。しかし，いささか問題を抱いているので以下に指摘したいと思います。

　例えば，1m離れたところに置いたロウソクの火に，大きく開いた口で息を吹きかける方法と，口をややすぼめて息を吹きかける方法を用いてロウソクの火の動きを観察してみましょう。そうすると，口をすぼめて息を吹きかけるとロウソクの火が大きく揺らぎ，ときに消えてしまいます。しかし，大きく開いた口で息を吹きかけても火は揺らぎもしないのです。泳ぎの息継ぎの際も同様に，水圧を抗した息の吐き出しは「パッ」と発するような大きな口より，ややすぼめた口で「プァッ」と息を吐くほうが効率的に出しきることができるのです。

　また，海女の「磯笛」という言葉があります。水面に浮上したときに口をすぼめ口笛を吹くように息を吐き出して出る音のことです。こうした吐息は，肺臓や心臓を助けるために海女が長い歴史の中で身に付けた呼吸調整法なのです。もちろん，苦しまぎれに大きな口を開けて一気に息を吐き出すと，気道の空気が急速に流れ出して柔らかな気管支が押しつぶされ，肺胞の空気が閉塞されて体外へ排出することができなくなります。それによって，肺臓にうっ血を起こしたり，十分なガス交換ができなくなったりして，パフォーマンス（アワビ等の採取）効率が低下あるいは失調してしまうのです。

　じつは，同様のことが水泳時の息継ぎの際にも起こっているのです。大きな口で息を吐き出したつもりでも実際には空気は出しきれておらず，新鮮な空気を取り込めない原因となっているのです。すなわち，水泳時にガス交換が十分できずに息切れし，呼吸が乱れてパフォーマンスの低下や失調につながるのです。もちろん，息を吸い込むときには，大きな口を開いて吸い込む指示は適切です。よって，楽に泳げる息継ぎのコツは以下のとおりとなるでしょう。

　①水底に立って長く吐き続けること，連続的に呼吸ができるようにすること。
　②ややすぼめた口で「プァッ」と息を出すこと。
　③水泳の呼吸指導では，頭部と体幹部を一体の動作で指導する（顔を上下に動かす平泳ぎの呼吸法，右向け右の要領で行うクロールの呼吸法から発展させること）。

（編者）

第 3 章

「水泳」の授業実践

実践例の読み方

> **実践例2** 〔低学年①〕
>
> ## "うきうき，のりのり水遊び"
> （水に慣れる遊び）
>
> ### 1．探求したい動きのおもしろさ
>
> - 水の中で浮いたり沈んだりする感じがおもしろい。
> - 自分の力や友だちの力で水の中を進んでいく感じがおもしろい。
> - 水の中に勢いよく入っていく感じがおもしろい。
>
> ### 2．動きのおもしろさを「感じる」工夫
>
> ①シンプルな活動を設定する
> 　　簡単なことを自分たちでおもしろく変えていけるように，シンプルな活動を中心に単元を構成した。【過】
> ②子どもが自ら意思決定できる内容
> 　　友だちを乗せて進む活動である「のりのりタイム」や「ロープ障害走」では，自分たちで動きを生み出すことができるように，どのように行うかという「行い方」を子どもが意思決定できるようにした。【材】
>
> ### 3．学びでの「気づき」の工夫
>
> ①「感じ」を比べやすい活動を設定
> 　　例えば，プールの中で「自分の力で走る」（かけっこ）と「友だちに引っぱられて移動する」（のりのりタイム）という二つの活動を提示し，違った「感じ」が味わえるようにした。活動後に比べることを促し，1年生なりに「感じ」の違いを考え，気づきを促すように仕組んだ。【過】

【単元タイトル】
単元名はこの授業で子どもに味わわせたいおもしろさや教師の願いなどを簡潔な言葉で表しています。

この授業を構想するうえでもとにしたことです。本単元で取り上げる動きのおもしろさを子どもの立場に立ってとらえました。

子どもが探求したいおもしろさを「感じる」ための具体的な手だてを示しています。

動きのおもしろさで「感じ」たことを「気づき」へと促すための具体的な手だてを示しています。

「2」，「3」の工夫について，どんな観点での工夫であるかについて各文の最後に【　】で示しています。

　学習過程の工夫…【過】　　学習形態の工夫…【形】　　学習評価の工夫…【評】
　学習材（教材）の工夫…【材】　　教具の工夫…【具】　教師の支援の工夫…【支】
　マネジメントの工夫…【マ】　　教師の声かけの工夫…【声】　　その他…【他】

第3章 「水泳」の授業実践

4．学びを見取るための視点（評価規準）

> 教師が子どもの学びを見取っていくための規準を表にしています。この規準を考えることで子どもの学びを見る視点が変わり，働きかけを工夫できます。

	無意識・・・・・・・・・・（気づき）・・・・・・・・・・意識			
	「気づき」「感じ」	動きのおもしろさへの「であい」	動きのおもしろさへの「気づき」	動きをおもしろくするための「工夫」
違和感	身体がぎこちない不安定な「感じ」	陸上では味わえない水中での感覚のおもしろさにであっている。	巧みな身体の使い方に気づき，行い方を試している。	よりおもしろくするための動きを工夫して，水中での活動を楽しんでいる。
（感じ）	身体が新たな動きや場に対応できたりできなかったりする「感じ」	動きや場を崩すことで，うまくできるかできないかを試し始める。	身体の動きを調整してスムーズに移動したり，もぐったりできるかどうかを楽しんでいる。	他ペアの行い方の違いを共有し，できるかどうかを楽しんでいる。
一体感	身体が場によって対応しながら巧みに動く「感じ」	崩してきた動きが「自分の動き」に変わり，巧みに進むことを感じている。	さまざまに身体の動きを調整して心地よく移動したり，もぐったりすることを楽しんでいる。	仲間と移動したり，もぐったりすることの動き方を工夫し楽しんでいる。他ペアの工夫を自分たちに取り入れ楽しんでいる。

> 矢印は学びの見通しを表しています。

5．単元の流れと実際

> 単元の流れを大まかに表しています。

時分	1	2	3	4	5	6	7	8	9	10
0	水のきまり・オリエンテーション									
45		ひとりでうきうきタイム							みんなで鬼ごっこ	
			ペアでうきうきタイム						宝探しをしよう！	
		プールでかけっこをしよう！								
					ともだちをひっぱれ！					
	ともだちにのりのりタイム				いきおいよく水に入ろう！					

6．学びのあしあと

[第1・2時] 小学校のプールに入ろう！
　初めて小学校のプールに入る子どもたちは，水の中に入るだけで……（以下略）

7．授業を振り返って

「感じ」から「気づき」への促しの大切さと難しさ
　子どもたちはシンプルな活動設定だからこそ工夫して遊ぶ力を……（以下略）

> 子どもの学びのあしあとを，授業中の写真やイラストを交えながら授業者が報告しています。授業者の生の声で子どもたちの様子を伝えられるように書いています。

> 学びのあしあとを振り返り，子どもの学びを整理することで，授業改善への糸口を模索します。

55

> **問題提起**

25m泳がせる指導への疑問……

「25m泳げるようにならなければならない……」

　こんなことを疑いもせずにこれまで指導してきました。とにかく泳がせるようにすることが子どものためだと全く疑いもせずに信じてきました。しかし，体育について深く探求するうちに，こんな言葉に疑問が生まれるようになりました。

　国内のみならず，海外の水泳の授業のことを知るなかで，私たちが子どもたちにふれさせたい水泳の特性や魅力は何かということに疑問が生まれてきたのです。私たち教師は，水泳の授業で，クロールや平泳ぎで長い距離を泳ぎきることに焦点化して指導を行っていることが多いと思います。あるとき子どものスイミングスクールに足を運んでみると，そこには同じような風景がひろがっていました。いったいスイミングと体育の授業は何が違うのだろう……。こんなことを考え始めたら，頭の中が混乱して，授業づくりがわからなくなってきてしまいました。

　確かに，「25m泳げるようになること」は，大きな学びの成果といえます。しかし，いつでもそのことを念頭におきながら，指導することよりも，学びのプロセスの中で，「25mを泳ぐ」という学びの足跡が生まれてくることが重要なのではないかといまは考えています。

　25m泳ぐことができれば，水泳を学んだといえるのでしょうか？

（阿部祐治・鈴木直樹）

第3章 「水泳」の授業実践

実践例1 〔幼稚園〕

"みずとともだち！"
（水遊びのおもしろさにふれよう）

1．探求したい動きのおもしろさ

- さまざまな事象に興味や関心をもちながら，水とふれあうことがおもしろい。
- 水遊びを通して，水の性質に不思議さを感じ，気づいたり，考えたり，試したりすることがおもしろい。

2．動きのおもしろさを「感じる」工夫

　「水が苦手。ぬれたり，汚れたりするのは嫌だな」と五感を通してのさまざまな感触に慣れておらず，抵抗を感じている子どもがいる。そこで，シャボン玉・泡遊び・水鉄砲・プール遊びなどのさまざまな水遊びの体験ができる環境を設定していき，友だちや教師と一緒に遊びながらかかわることで，水の気持ちよさやおもしろさにふれる。【過】【形】【評】【具】【支】【声】【材】

3．学びでの「気づき」の工夫

①保育内容の工夫
　季節に応じたさまざまな水遊びを長期的な見通しをもって仕組むことで，主体的に水と慣れ親しむようになる。そして，おもしろさに気づき，繰り返し遊びこむことで学びへとつながる。【過】【形】

②環境構成の工夫
　「やってみたい！」と思う環境や十分に遊びこむ場の設定を行うことで，子どもは自ら環境とかかわり，気づいたり試したりする。環境を再構成することで遊びが発展し学びが深まる。【材】【具】

③教師の手立ての工夫
　教師が必要に応じて声をかけたり一緒に遊んだりすることで，友だちと一緒に水遊びのおもしろさを味わうことができる。振り返りをすることで，一人の気づきが

57

みんなの気づきになる。おもしろさに気づけば，子どもたちは自ら遊びを発展させ，より主体的に水とかかわるようになる。【支】【声】【評】

4．学びを見取るための視点（評価規準）

		無意識・・・・・・・・・（気づき）・・・・・・・・・意識		
	「気づき」「感じ」	遊びのおもしろさへの気づき	遊びの出来事への気づき	遊びを工夫するための気づき
違和感	水と身体が別々な感じ	カップですくったり，移し替えたりすることで，水そのものや動きのおもしろさにふれている。	バケツを使って水をためたり，水をこぼして流れをつくったりすることで，より大きな動きのおもしろさを感じている。	ペットボトルや樋などで勢いよく水を流すおもしろさに気づき，角度や高さなどを変化させている。
（感じ）	水と身体が一体になったり，ならなかったりする感じ	スプリンクラーの水が自分の身体にかかったり，かからなかったりするなかで，水とふれあうおもしろさを感じている。	プールで友だちと一緒に水流をつくったり，水のかけ合いをしたりすることで水と親しむおもしろさを感じる。	プールで顔に水がかかっても平気になり，ロケットやワニになりきって遊び，水に慣れたことで遊びの変化を求めている。
一体感	水と身体が一体な感じ	ビニールプールでペットボトルシャワーを使って自分にかけたり，友だちとかけ合ったりして，水とふれあう気持ちよさを感じている。	プールで手と足を伸ばし，身体が浮かぶ感覚を味わい，繰り返し挑戦することで水と身体が一体となる心地よさを味わっている。	プールで目標をもって水とかかわろうとし，輪くぐりや浮き身ができるようになり，泳ぐことへの意欲が高まっている。

5．単元の流れと実際

時	ねらい・内容	子どもの様子
4・5月	<u>身近な自然に親しみをもち，かかわって遊ぶおもしろさを味わう。</u> 季節に応じた環境（草花・畑の野菜・水・土など）を遊びに取り入れ，友だちと試したり工夫したりしながら繰り返し遊ぶ。そのなかで見立てて遊んだり，イメージするものをつくったりしながら，素材の性質や特徴に気づいていく。	砂遊び　　泥団子クッキー 草花でごちそうづくり　生け花・花束づくり

6月上旬	素材のおもしろさに気づき，試したり，工夫したりして遊ぶ楽しさを味わう。 身近な自然を取り入れた遊びを十分に楽しんだ後，教師が新しい素材（石けん）を環境に加えることで，一つの素材が遊び方で変化していくおもしろさを味わう。素材の感触を楽しみながら試行錯誤して遊ぶ。	  しゃぼん玉  泡あわ遊び 　　クリームづくり
6月下旬	思いや気づきを言葉で伝えながら，友だちと一緒に遊びこむおもしろさを味わう。 身近な素材のおもしろさを味わった後，遊びの発展として色水遊びや染め紙，スライムづくりを楽しむ。混色のおもしろさや不思議さ，液体が固体に変化する現象の楽しさを味わう。 これらの遊びでは，友だちと変化や不思議を言葉で伝え合い，共感し合う姿があり，その喜びが遊びこむ原動力となる。	  染め紙遊び  色水遊び 　　スライムづくり
7月	ダイナミックな遊びを楽しみ，開放感や満足感を味わう。 素材のおもしろさや感触を楽しんだ後，全身を使ったダイナミックな遊びへと発展していく。水にふれることが気持ちよく，開放感や満足感を味わうようになる。 自ら環境とかかわり，思い思いに自由に遊びこむなかで素材に親しみ，学びへとつないでいく。	 フィンガーペイント 　ボディーペイント  水鉄砲 　　プール遊び

6．学びのあしあと

春から夏へと，砂遊び・草花遊び・泡遊びをすることで，園児たちは水とかかわって遊ぶことに少しずつ慣れていった。
楽しみながらだんだんと水に親しめるような段階を追い，プール遊びにつながるような水遊びを仕組んでいった。

【3歳児】
○水に親しむ

3歳児は，水が身体にかかっただけで驚いたり怖がったりする子どもがいる。まずは，楽しい雰囲気や環境づくりをすることで水に慣れていくようにしていった。

|ペットボトルシャワー|

水を汲んで満タンにすることや水が減っていくことなどを楽しみながら，水の不思議さに気づいたり，おもしろさを楽しんだりしている。夢中になって何度も繰り返して遊ぶうちに，いつしかびしょぬれになっても平気になっている。また，汲んだ水の量によって，穴から出てくる水の勢いや向きなどが変化するなど，水の特性に気づく姿もある。

|スプリンクラー|

芝生の上で，スプリンクラーを回し，自由に駆け回って遊べるコーナーをつくった。クルクル回るスプリンクラーに恐る恐る近づき，水が散ることで歓声があがる。飛び散った水にはじめは「冷た〜い！」と言いながらも，だんだんと気持ちよく感じている様子で，怖がっていた子どもも繰り返し近づきながら遊び始めた。顔に飛び散っても気にせず楽しそうに遊ぶ姿もある。水の動きにおもしろさを感じながら走り回って遊んだ。

第3章 「水泳」の授業実践

> 3歳児は，身近な水遊びにじっくり取り組んだり，ビニールプールで全身を使って遊んだりすることで，水に親しむことができるようになっていった。

【4歳児】
○身体全体を使って水に親しむ

4歳児は，3歳児で経験した水遊びやビニールプールの経験を生かしながら，初めて小学校の小プールを経験する。はじめは，広いプールや大きなシャワーの水に抵抗を感じる子どもがいる。

水に慣れ親しめるようにゲームを取り入れたり，4歳児ならではの「なりきり遊び」を取り入れたりして，プール遊びを展開していった。

お風呂や洗濯機のなりきり遊び

腰まで水があるプールに初めて入る子どももいるので，段階を踏んで慣れさせていった。まず，はじめは，プールをお風呂に見立てて，水がかかっても平気な腹部から洗っていき，徐々に顔や頭を洗うことを促していった。その後，みんなで輪になり，大きな湯船に肩まで浸かり，お風呂のなりきり遊びを楽しんだ。

次は，みんなで手をつなぎ，洗濯機になりきり，水の中をグルグル回って水流をつくったり，内や外に集まったり広がったりと楽しく遊ぶなかで水に慣れていった。

水かけっこ

友だちと水をかけ合って遊ぶ。思いがけず飛び散る水に驚く姿もあるが，みんなでかけ合ううちに楽しくなり，顔や身体に水がかかっても平気になっていく姿があった。

ワニおよぎ

ワニになりきり，足を伸ばして手で泳ぐ遊びを通して，水に身体が浮く感覚を自然に覚えられるようにしていった。はじめは恐る恐る足を伸ばすが，だんだんと自分の体が浮く感覚や手の運び方がわかるようになる。スイスイと進んで「ワニだよ！」とワニになりきって歩く姿が見られるようになってきた。

4歳児は，初めて体験する小プールなので安心して無理なく進められるように，楽しみながらいつの間にか水に慣れることができる遊びを取り入れている。遊びを取り入れた活動を計画することで，プールの時間を楽しみにするようになってきている。

【5歳児】
○目的意識をもって，主体的にプール遊びをする

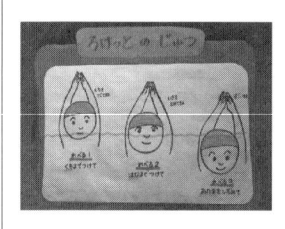

5歳児は，顔つけに挑戦しようとしたり，泳げるようになりたいという思いをもってプールで活動したりしている。自分なりの目標をもって活動できるよう，「忍者修行」として，さまざまな動きを「〜の術」と名づけ，挑戦しようとする意欲を高めるような環境を整え，プール遊びをした。

ロケットの術

口，鼻，頭まで水につけて飛び出す動きを挑戦する。レベル1＝口，レベル2＝鼻，レベル3＝頭，とイラストを表示して，プールで自分の動きがイメージできるように工夫した。全部クリアしようと進んでがんばる姿があった。

ワニの術

手で体を支え，足を伸ばして進む。ロケットの術同様，口，鼻，頭と段階を踏み，「三つのレベルで歩けるようになろう！」と目標を掲示した。「鼻を

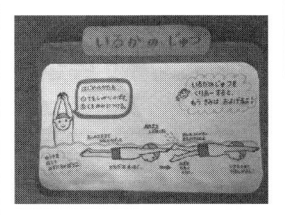

つけてできたよ」「ぼくは頭もつけるよ」と友だち同士で見せ合いながらお互いにがんばる姿があった。

イルカの術

　浮き身をして，イルカになりきって泳ぐ。顔をつけないと身体が浮かないので，「『イルカおよぎ』ができるようになる」ということが泳げるようになるための最終目標であることを子どもたちは自然に理解しており，『イルカおよぎ』をめざして家庭でも顔つけなどを主体的に練習する姿が見られた。また夏休み中も意識して練習する姿があった。

> 　5歳児は，自分なりの目的をもってプール遊びができるように，忍者修行としてレベルボードの絵を掲示し，できたらカードにスタンプを押し，達成感を味わえるようにした。子どもたちの意欲は夏休みまで継続し，主体的に水にかかわる姿が見られるようになった。

7．授業を振り返って

　幼児教育は，決められた指導方法がない分，教師が子どもたち一人ひとりの発達の様子を熟知し，ねらいや意図を明確にもつことが大切である。教師は，責任をもって子どもを見取り，学びにつなげていく援助をすることが求められる。私たちは，子どもたちの発達段階や興味・関心に考慮しながら，夏ならではの遊びを経験してほしいという思いで，季節に応じたいろいろな水遊びを計画した。

　「水遊び」といってもさまざまな遊びが考えられる。草花や石けんなどと水が一緒になると色水になったり，泡ができたりする。そのなかで，ある子どもは水の感触を楽しみながらその性質を知るかもしれない。ある子どもは，水や素材の量の違いで色の濃さや泡の硬さなどの科学的な視点でものをとらえることを知るかもしれない。このように，一つの遊びの中にさまざまな学びが生まれてくることを考慮し，子どもの気づきを期待しながら水遊びのコーナーをつくっていった。

　子どもたちは，自分がしたい水遊びを選んで夢中で遊ぶうちに，自然に水とかかわ

ることができるようになっていった。じっくりと遊ぶことを通して,「気づく・感じる・試す」体験を積み重ねることで心が豊かになる。その体験が心の中にため込まれ,学びへとつながっていった。

　また,プール遊びでは,子どもたちが自らできるようになりたいと思うような環境(忍者の修行コーナー)を整えることで,目標をもって意欲的に楽しんでプール遊びができるようになっていった。また,できるようになったことを皆に知らせひろげていくことで自信につながっていった。

　これらの水遊びを設定するにあたり,教師同士で考えを出し合い,綿密な計画を立て,遊びが盛り上がるような環境構成や援助を行った。また,日々の保育を振り返りながら,少しずつコーナーの環境を改善したり,遊びが発展するように舵取りをしたりしていった。子どもと共に遊びを進めていくうちに,子どもたちがどんなことに興味をもって遊んでいるのか,どのようなことを感じ,何を学んでいるのかを教師が見取る力がついてきた。

　今後も,適切な支援を模索しながら,子どもたちが自ら環境とかかわり,おもしろさや充実感を味わえる保育をしていきたい。　　　（小松未央子・岡田　愛・平田菜穂）

実践例2　〔低学年①〕

"うきうき，のりのり水遊び"
（水に慣れる遊び）

1．探求したい動きのおもしろさ

- 水の中で浮いたり沈んだりする感じがおもしろい。
- 自分の力や友だちの力で水の中を進んでいく感じがおもしろい。
- 水の中に勢いよく入っていく感じがおもしろい。

2．動きのおもしろさを「感じる」工夫

①シンプルな活動を設定する

簡単なことを自分たちでおもしろく変えていけるように，シンプルな活動を中心に単元を構成した。【過】

②子どもが自ら意思決定できる内容

友だちを乗せて進む活動である「のりのりタイム」や「ロープ障害走」では，自分たちで動きを生み出すことができるように，どのように行うかという「行い方」を子どもが意思決定できるようにした。【材】

3．学びでの「気づき」の工夫

①「感じ」を比べやすい活動を設定

例えば，プールの中で「自分の力で走る」（かけっこ）と「友だちに引っぱられて移動する」（のりのりタイム）という二つの活動を提示し，違った「感じ」が味わえるようにした。活動後に比べることを促し，1年生なりに「感じ」の違いを考え，気づきを促すように仕組んだ。【過】

②2人組の活動を中心に進める

多様な楽しみ方が引き出せるように同じ場で学習する人数にゆとりをもたせることが望ましいが，今回は3クラス合同（120名）での授業だったので，安全面，状況把握を優先し，2人組の活動を中心に設定した。「2人で○○」というシンプル

な設定だけで，1人のときとは違う行い方になり，「感じ」がまるで違う。ある程度時間にゆとりをもたせることでさまざまな「工夫」が見られるようにした。【形】

4．学びを見取るための視点（評価規準）

	無意識・・・・・・・・・(気づき)・・・・・・・・・意識			
	「気づき」「感じ」	動きのおもしろさへの「であい」	動きのおもしろさの「気づき」	動きをおもしろくするための「工夫」
違和感	身体がぎこちない不安定な「感じ」	陸上では味わえない水中での感覚のおもしろさにであっている。	巧みな身体の使い方に気づき，行い方を試している。	よりおもしろくするための動きを工夫して，水中での活動を楽しんでいる。
(感じ)	身体が新たな動きや場に対応できたりできなかったりする「感じ」	動きや場を崩すことで，うまくできるかできないかを試し始める。	身体の動きを調整してスムーズに移動したり，もぐったりできるかどうかを楽しんでいる。	他ペアの行い方の違いを共有し，できるかどうかを楽しんでいる。
一体感	身体が場によって対応しながら巧みに動く「感じ」	崩してきた動きが「自分の動き」に変わり，巧みに進むことを感じている。	さまざまに身体の動きを調整して心地よく移動したり，もぐったりすることを楽しんでいる。	仲間と移動したり，もぐったりすることの動き方を工夫し楽しんでいる。他ペアの工夫を自分たちに取り入れ楽しんでいる。

5．単元の流れと実際

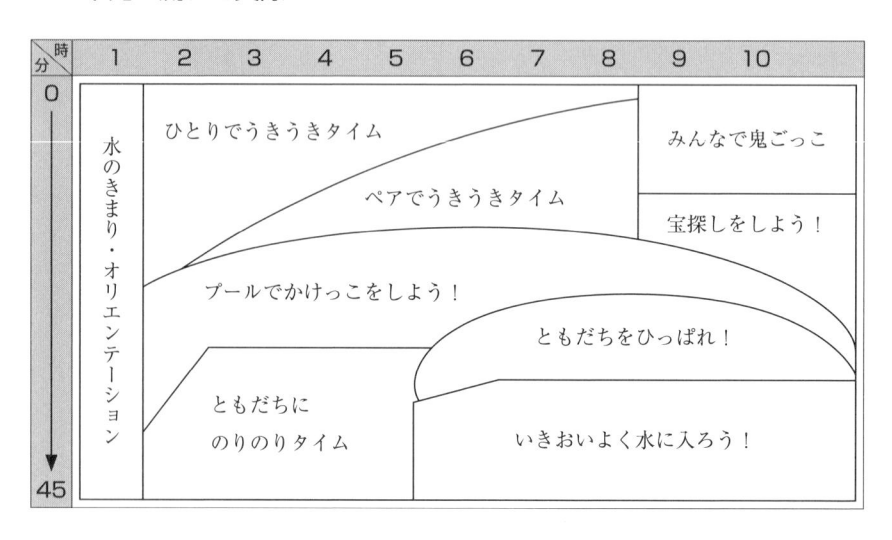

6. 学びのあしあと

[第1・2時] 小学校のプールに入ろう！

　初めて小学校のプールに入る子どもたちは，水の中に入るだけで大盛り上がりであった。1年生ということで，水位を落としていたが，「深い」と感じた子もいたようだ。「頭までザブーン」という声かけに，多くの子はプールの中にもぐっていたが，なかには顔がつけられない子も数人見受けられた。そのような実態から，安心して活動で

「小学校のプールは深いね。」
「水慣れタイム」

きるような雰囲気づくりの必要性を感じた。「うきうきタイム」では「浮いてみよう」という投げかけを中心に声をかけた。子どもたちは夢中になって「浮いてみよう」と試みるが，なかなか浮けない。全体に「くらげ浮き」や「だるま浮き」などを紹介しながら進めた。その後，体の向きをうつ伏せにしたりあお向けにしたり変えながら，さまざまな姿勢で「浮く」ことを試みる姿が見られた。ここでは「浮きたくても浮けない」という「思いどおりにならない身体の感じ」がおもしろいのだと確認することができた。後半に行った「かけっこ」や「のりのりタイム」（最初はおんぶが中心）は，やり方や約束を説明し，やってみることが中心となった。「かけっこ」では，すでに

泳いでいる子も見られたが，苦手な子もゴール地点まで自分のやり方で進んでいこうとする姿が見られた。授業後には，担任間で子どもたちの実態を話し合い「流れるプール」などは難しいことやファミリー（4人組の生活班）での活動も場所が確保しづらいことから2人組の活動を中心に授業を展開していくことにした。

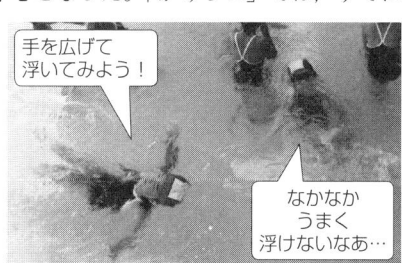

「手を広げて浮いてみよう！」
「なかなかうまく浮けないなあ…」
「うきうきタイム」

[第3・4時]「かけっこ」「のりのりタイム」を楽しもう！

　「浮く」では，ペアの活動を取り入れ始めた。自分のペアと手をつないで浮いてみたり，背中を支えてもらったりしながらの活動になった。体がこわばりリラックスできない子も見られたが，少しずつ力が抜けていく様子も見られた。「かけっこ」では体を前に投げ出しながら速く進もうとする子が多かった。回を重ねるごとに泳いで進

もうとする子が増えていった。なかにはイルカジャンプのように進む子も出始め、全体に紹介することで動きを共有することを図った。同時に、まねをすることもどんどん奨励した。後半に「のりのりタイム」として友だちに乗る活動を取り入れたのは、友だちに身を委ねて進む「感じ」と自力で進む「感じ」を対比するためである。子どもたちのこわばっていた体も徐々にほぐれ、足が後ろに伸びるようになってきた。

[第5・6時] ペアを中心に遊ぼう！

「水慣れ」や「うきうきタイム」にも2人組の活動を意識的に取り入れるようにした。子どもたちは2人組での活動にも慣れたようで、安心して

おんぶで進もう！
「のりのりタイム」

体を委ねる子が増えてきた。動きが安定してくると新しい変化を加え、おもしろい「感じ」を探求しようとしているように見えた。例えば、反対向きのおんぶや手をつないで同時に浮こうとする子などである。「おもしろいね」「そんなことができるんだ」という教師からの声で動きをまねする子や新しい動きを考えようとする子が増えた。教師は、新しい動きを生み出し試そうとする行為を価値づけ、支えることを意識して活動に参加した。同時に、教師の側からも場に変化をつけることを行った。例えば、かけっこでは、途中にコースロープを張り、上を越えるか下をくぐるかして進んでいく

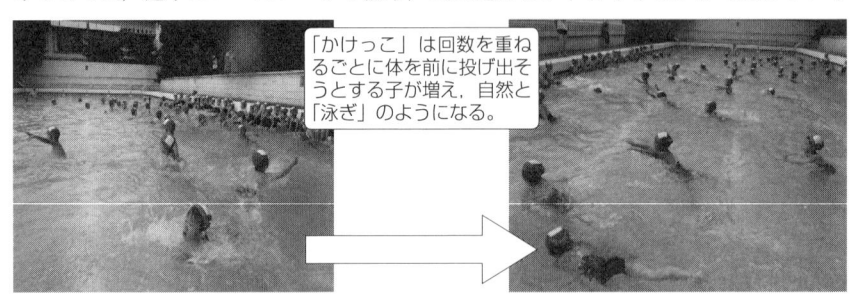

「かけっこ」は回数を重ねるごとに体を前に投げ出そうとする子が増え、自然と「泳ぎ」のようになる。

ような場を設定した。一本のロープだけであるが、子どもによっては大きな障害にもなり、動きを変化させなければならない。

最初はロープをくぐって進んでいた子も上を乗り越えるようにして進むなど動きを変化させながら「かけっこ」に取り組む姿が見られた。最初はロープの前で一度立ち止まる子

くぐって進んでいこう！

コースロープの障害物かけっこ

第3章 「水泳」の授業実践

が多かったが，何度か行うとスムーズな一連の流れでくぐったり乗り越えたりする洗練された動きへと変わっていった。

[第7・8時]「のせる」から「ひっぱる」おもしろさへ

「のりのりタイム」では，「友だちに身を委ねる」という動きが中心であったが，少しずつ体を離していく姿が見られた。ペアの関係が安心できるものになったことや近くにいる他のペアの影響を受けたことで動きが変化していったように見取った。そのように活動を進めるなかで，友だちに身を委ねて進むおもしろさは，「ひっぱる・ひっぱられる」おもしろさへと変化していった。教師もそのことを感じ，工夫を促す声かけを行った。時間が経つにつれ，おもしろい動きが増えた。どの動きも最初より，複雑な動きに変化していったように感じる。

友だちをひっぱれ

おとなりさんは，おもしろそうなことをしているなあ。

いくよ！

支えてもらうと気持ちよく浮けるなあ。

オーケー！

手を放しても大丈夫かな？

2人でもぐってみよう！

足をひっぱって進むよ！

[第9・10時] みんなで水遊びを楽しもう！

これまでの動きを生かし，自分たちで意思決定できる範囲をよりひろげるために全体で「鬼ごっこ」「宝探し」を行った。「鬼ごっこ」ではいろいろな向きに進む方向を変え，ときにはもぐりながら鬼から逃げる様子が見られた。「宝探し」では自然にもぐる子が多く，夢中で取り組んでいる様子が見られた。いずれも短時間でこれまでの動きを発揮することができるが，競争やルールが先行し，「感じ」が置き去りにされるおそれがある。そこで授業の中では勝敗だけがクローズアップされないようにした。

後半は腰かけ台からジャンプしてプールに入る「勢い」を感じる活動も行った。待っているペアの子は，水中でその様子を「見る」ことを行った。どうだったか聞いて

69

せーの！

泡が見えるかな。

いきおいよく水に入ろう！

みると「泡がたくさん出て勢いがすごかった」と話していた。見ることを通して動きの「感じ」を共有した姿ととらえたい。プールに入る子はどんどん勢いを感じようとダイナミックな動きに変わっていった。

7．授業を振り返って

「感じ」から「気づき」への促しの大切さと難しさ

　子どもたちはシンプルな活動設定だからこそ工夫して遊ぶ力を発揮することができた。「どんな感じがしたか？」を言葉で表現することはまだ難しいが、身体にふれあいながら一緒に活動することでさまざまな「感じ」を「共感」する場面が見られた。子どもたちは「共感」を通して自分たちの動きを変化させ、動きを探求していたと考える。教師はそのような子どもの学びを見取りながら、「感じ」から「気づき」へと導いていけるよう、テーマを設定したり活動に参加したりすることが大切である。今回は人数や場所の制約があったが、子どもたちが共に動きを探求していく「学びの場」になっていたと感じている。

(石塚　諭)

実践例3 〔低学年②〕

"ながれるプール"
（浮く・もぐる遊び）

・・

1．探求したい動きのおもしろさ

●みんなでプールを回って水流を起こしたときに，体が流されてふわっと水中に浮かぶ感じがおもしろい。

2．動きのおもしろさを「感じる」工夫

①みんなが一緒になって同じ方向に向かって回ることで，水の流れを起こし，体が流れやすい状況をつくる。また，最後に一斉に逆回りすることにより，水の抵抗を感じやすくする。【材】

②低学年の子どもたちは，友だちとかかわることよりも，まずは自分が楽しみたいという欲求が強い傾向がある。そこで，ペアやグループなどの学習形態はとらない。一人ひとりが思い思いに水とかかわることができるようにしておく。【形】

③いくら水が流れているからといっても，体だけでは浮力が小さいので思うように浮かぶことができない。そこで補助的な浮き具を使うが，あまり浮力が大きいと逆に浮き具に頼ってしまうことになるので適度な浮力の浮き具が必要になる。ビート板，ヘルパーに加え，フラフープを用意する。さらに2種類の棒状の浮き具を用意した。棒状の浮き具は長さがあるため，友だちとのかかわりが生まれやすくなる。【具】

3．学びでの「気づき」の工夫

①子どもの内側からの「気づき」を生み出すため，「感じ」や「心地よさ」に十分に「浸りこむ」ことを大切にする。【過】

②子どもが工夫した浮き方を「○○ちゃんの浮き方おもしろいね」と認め，声をかける。また，「いま，どんな感じがした？」など「気づき」や「感じ」を意識させる声かけを積極的にする。【支】【声】

4．学びを見取るための視点（評価規準）

		無意識・・・・・・・・・・（気づき）・・・・・・・・・・意識		
	「感じ」	「気づき」動きのおもしろさへの気づき	動きの出来事への気づき	動きを工夫するための気づき
違和感	水に対し身体が身構えている感じ	水に流される感じを楽しんでいるが、恐怖心がまだある。	水にふわっと浮く感じに気づき、行い方を試みている。	使い慣れた浮き具で行い方を工夫して、水に浮かんでいる。
（感じ）	身体が水の流れに対応できたりできなかったりする感じ	水中で身体の向きが上下左右に変化しても対応できるかどうかを楽しんでいる。	他の子たちが考えた動きを取り入れ、自分もできるか試みながら楽しんでいる。	違う浮き具でも身体が対応できるかどうかを楽しんでいる。
一体感	身体を水の流れに任せ自在に動く感じ	どんな姿勢でも安心して身体を動かし楽しんでいる。	さまざまな動きを自分のものとし、水中で自由に身体を動かして楽しんでいる。	浮き具を使わなくても同じように身体が対応できるかどうかを楽しんでいる。

5．単元の流れと実際

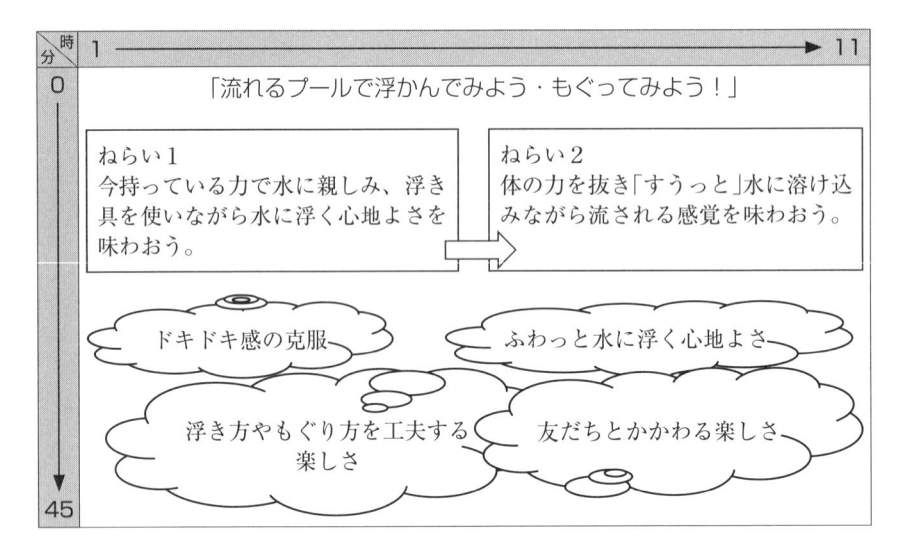

時分 1 ──────────────▶ 11

0

「流れるプールで浮かんでみよう・もぐってみよう！」

ねらい1
今持っている力で水に親しみ、浮き具を使いながら水に浮く心地よさを味わおう。

ねらい2
体の力を抜き「すうっと」水に溶け込みながら流される感覚を味わおう。

- ドキドキ感の克服
- ふわっと水に浮く心地よさ
- 浮き方やもぐり方を工夫する楽しさ
- 友だちとかかわる楽しさ

45

6. 学びのあしあと

　1年生は，プールとの「であい」が大切である。もともと子どもは水遊びが大好きだが，子どもによっては最初に「怖い」という印象をもってしまうと「プールは嫌い」と思い，入れなくなってしまう。無理せず，ゆっくりプールに慣れることを心がけ，これから長く続くプールの学習を楽しみにしてくれることを願いながら授業を進めた。写真1はシャワーの様子である。水は冷たく水圧も高い。このようなシャワーを苦手とする子には，水をあらかじめ汲み置きして温めておき，じょうろでやさしくかけてあげる（写真2）。このようにして，ゆっくりとプールに慣れることが大切だと考えた。

写真1

写真2

　プールに入ると，全員（2クラス60名）で反時計回りに回り始める。本校の低学年用プールは浅いので，すぐに水流ができる。タイミングを見計らってビート板，フラフープ，棒状の浮き具等を投入する。それらの浮き具を用いて子どもたちは水に浮く心地よさを味わっていった。

　写真3は，ヘルパーとビート板を組み合わせて浮き，「水流」に流される心地よさを味わうM子の様子である。写真では伝わり

写真3

にくいが，かなりの流速があるため，浮いているだけでどんどん流されていく。「Mちゃん，どんな感じ？」と聞くと「ふわっと浮いて気持ちがいい」という答えが返ってきた。

　写真4は，ビート板を3枚用い，あお向けになって「水流」に流される心地よさを味わうT子の様子である。まだ水に顔をつけられない子もあお向けであれば水に浮く心地よさを安心して味わうことができる。「Tちゃん，ビート板3枚も使っておも

73

しろそうだね」と私が言うと「うまくバランスがとれないよー。でも楽しい」と言い、にこにこしながら流れていった。

　写真5は、以前に塩化ビニール管を用いて自作した「浮き棒」である。ビート板と違い、長さのある浮き具は子ども同士のかかわりを生み出す効果がある。「一緒に使おう」「いいよ」と言って棒につかまりながら流されるR児とT児。特にT児は、この浮き棒が大のお気に入りであった。

　写真6は、平成23年度に購入した「浮き棒」である。塩化ビニール管製とは違い、柔らかいため安全に楽しむことができる。バランスをとりながら「水流」に乗って流れるY子。十分な浮力があるわけではないため、バランスをとりながら浮き続けるためには「コツ」や「慣れ」が必要になる。私が「Yちゃん、ひっくり返りそうだね。大丈夫？」と聞くと「うん、こうやれば大丈夫だよ」と言い、ときどき手や足で水面をたたいて体勢を立て直しながら流れていった。このように、浮き具の浮力は、あくまでも補助的なレベルとしたい。浮き輪のように浮力が大きいものを用いると子どもはその浮き具に頼ってしまうことになる。それでは「感じ」や「気づき」が生まれにくいのである。

写真4

写真5

写真6

　この浮き棒は柔らかいので形を自由に変えることができる。Y児は、棒を丸めてあお向けになって流れていた。「Y君、おもしろい使い方を考えたね」と私が言うと、「ぼくにもやらせて」とR児が近づいてきた。Y児が発見した浮き棒の使い方はR児に伝えられ、さらに別の子もまねをし始めた。このように子どもにとって価値のある遊び方（文化）は子どもから子どもへ伝播しひろがっていくと考えられる。「学び」の語源は「まねび」であるという話を聞いたことがあるが、この姿を見て、まさにそのと

第3章 「水泳」の授業実践

おりだと感じた（写真7）。

　私が「水流」の中にフラフープを持って入ると子どもたちは「水流」に乗ってくぐろうとする（写真8）。通り抜ける際、ビート板の先を持ちスッと引いてあげると、さらに加速し、より「流れる感じ」を味わいやすくなる。写真9のように「シャワーサービスだよ」と言いながら上から水をかけると、無意識のうちに子どもたちは水に顔をつけ、自然に「伏し浮き」の姿勢ができるようになる。この「フラフープくぐり」は、しだいに子ども同士で行う姿が見られ始めた。写真10は、自分からビート板も放し、力の抜けた「伏し浮き」姿勢ができているS子の様子である。「Sちゃん、ビート板いらないの？」と聞くと、「うん。だってじゃまなんだもん。もうビート板なしでもできるよ」とうれしそうに答えていた。

7．授業を振り返って

　このように子どもたちは「流水」の中に身を任せ、浮き具の力も使いながら体の力を抜き「すうっと」水に溶け込みながら流される感覚を味わうことができた。水の中は陸上と違い、浮力が働く。当初は、思うように体をコントロールできない状態（無重力に近い状態）に身を置くことに「不安」を感じていた子どもたちだった。しかし、それがしだいに「心地よさ」に変わっていった。はじめは体に力が入り「水流」に対する働きかけが「硬かった」子どもたちも、

写真7

写真8

写真9

写真10

75

しだいに「水流」に身を委ねるようになり「柔らかい身体」へと変化していった。いつしか水と一体となり，皮膚に閉じ込められていた感覚が外へ向かってひろがり始めたように思えた。小学校低学年の段階では，このような水の中でのさまざまな感覚を味わい，養うことが非常に大切だということをあらためて実感した。　　　（須山千才）

ちょっと一息

体育の水泳は「競泳」!?

　日本の水泳指導は，競泳四泳法に主たる目的をもって展開されてきた感があります。すると"水泳指導の頂点はオリンピック種目の習得にあるのでは？"と勘違いをしてしまいます。その背景には"どのようにして競泳やクロール文化が生まれてきたか？"の疑問をもたないで取り組む場合があげられます。例えば，クロールはオーストラリアの住民の青年たちがフィアンセへの贈り物として，伏した状態（crawl）で泳ぎながら美しい貝や真珠を採取しているところをイギリスからの移住者が見つけ，「スプラッシュ・クロール（電光石火のごとき水しぶきを飛ばす）」と名づけたことから競技化していきます。

　わが国の泳ぎから競泳への歩みも，平安時代には「拍浮。一俗云於布須是也（『倭名類聚抄』931-938年）」の記述があり「おふす」と呼び，およぐと共に浮かぶ意味をもっていました。この「泳ぎ」が史実的に形態として整う鎌倉時代では「引ちぎりてぬぎておよぎ上りたりけり（『古今著聞集』1254年）」と，泳ぎ方や遠泳に似た技が披露されています。いわゆる，水中動作の伴った「泳ぎの概念」です。その後，武士の世の中では戦術技法として発展し「究意の水練にておわしければ（『平家物語』）」などに武勇伝や武術として，江戸末期までの武芸四芸（砲術・兵学・水練・柔術）に至る流派・流儀として水練泳ぎが重視されます。これら武道の泳ぎの理念は，『游』の"浮かび行く事，流れ渡りけり儀"が泳ぎであり，『泳』は水中を潜行する意味をもち，"水泳（講武所・1855年）"ではなく「游泳」が江戸末期から昭和初期まで使われています。そして，競泳への台頭は泳ぎが形態的にも機能的にも整って，明治32（1899）年の横浜における「内外競泳会」のSwimming Race（競泳）が始まり，国内外の試合や大会が盛んになり，四泳法を中心とした指導が展開されてきます。

　これら泳ぎや游泳と競泳の歴史が，学校教育の泳ぎに多大な影響を与えていることは否めません。戦後の教育により泳ぎの復興の兆しもありましたが，通史上，有史以来はぐくんできた"およぎ"が確立できたとは言いがたく，その背景には，競泳に興じるスイミングクラブの隆盛や楽しみを強調するあまり安易なレジャー志向によって『泳ぎの本質』を探求する学習指導が脆弱になってきていることは確かです。

（城後　豊）

実践例4 〔低学年③〕

"水とあそぼう"
（浮く・もぐる遊び）

1．探求したい動きのおもしろさ

●水の中で体の力を抜いたとき，フワッと浮く感じがおもしろい。
●水に体を投げ出したとき，水の抵抗感がおもしろい。

2．動きのおもしろさを「感じる」工夫

①水の中では浮くことができると体が察知したとき，フワッと感じる。そのとき，体の力を抜くとより浮遊感を覚えるため，指の先まで意識して力を抜きながら両手両足を伸ばし，バランスをとりながら水に体をあずけ「浮く感じ」を保障する。【声】
②プールサイドから水の中に，足から飛び込むと水の抵抗がおもしろく感じる。水深を配慮し，足から飛び込む動きをさせることで，水への恐怖感が軽減され，水遊びをダイナミックに展開させる。【マ】

3．学びでの「気づき」の工夫

①体が自然と水の中で浮いてくる感じを体感するためには，体の力を抜くことが関連していることに気づかせていく。そのために，ワニ歩きやラッコ浮きなどの遊びを十分に経験させる。ワニ歩き遊びでは，足の力を抜くと足が浮いてくる，ラッコ浮き遊びでは，ビート板やペットボトルに体をあずけるとおしりが浮いてくるという，「体が浮く」というおもしろさに気づかせていく。【材】【具】
②単元が進むにつれて，自分なりの「浮く気づき」を情報として，友だちとの間で交流を活発にしていく。まずは，その場に集まった小さなグループで，そして，単元が進んだ段階では，グループ間でのワークショップに展開し，クラス全体へと「気づき」をひろめていく。このような，自分の体への「気づき」から，"浮く"ことへ意欲的にかかわっていくようにしていく。【形】【過】

4．学びを見取るための視点（評価規準）

		無意識・・・・・・・・・・（気づき）・・・・・・・・・・意識		
	「気づき」「感じ」	動きのおもしろさへの気づき	動きの出来事への気づき	動きを工夫するための気づき
違和感	身体に力が入り，なかなか浮いてこない感じ	水の抵抗感を楽しみ，水の中で動くことのおもしろさに気づいている。	いろいろな動物歩き遊びを行い，身体が浮かないようにして動いている。	動物歩き遊びをしているなかで，身体が浮いてくることを楽しんでいる。
（感じ）	身体が浮いてきたが，バランスがとれなくて足が浮いたり沈んだりしている感じ	水の中では，身体が浮いたり浮かなかったりする不自由さに気づいている。	自分の身体が浮いたり浮かなかったりしたときのおもしろさに気づき，身体を操作しようとしている。	水中にもぐってみたり，水面に身体を投げ出してみたりしながら，浮いたり浮かなかったりすることを楽しんでいる。
一体感	身体が安定して水に浮いている感じ	自分の身体を操作して，いろいろな形で浮くことを楽しんでいる。	身体の力を抜いて，水に浮く心地よさを味わおうとしている。	用具を使ったり，身体の形を変えたりして，水に浮くおもしろさを友だちと一緒に味わっている。

5．単元の流れと実際

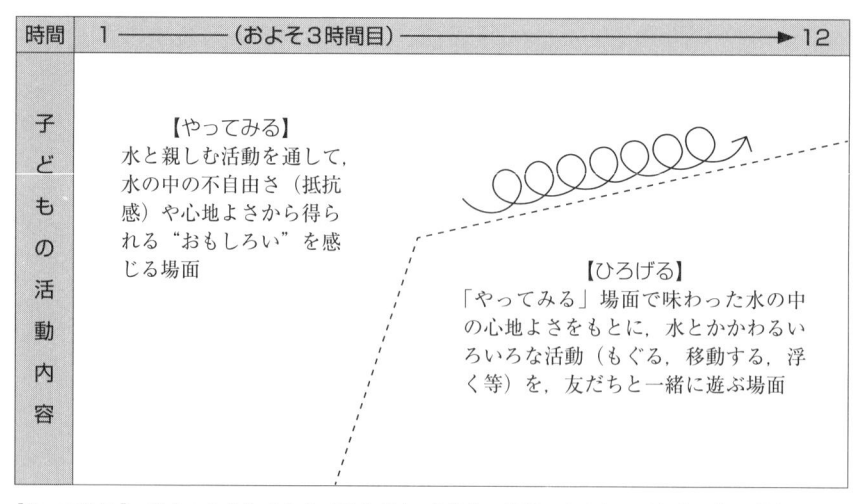

時間	1 ──────（およそ3時間目）────────────▶ 12
子どもの活動内容	【やってみる】 水と親しむ活動を通して，水の中の不自由さ（抵抗感）や心地よさから得られる"おもしろい"を感じる場面 【ひろげる】 「やってみる」場面で味わった水の中の心地よさをもとに，水とかかわるいろいろな活動（もぐる，移動する，浮く等）を，友だちと一緒に遊ぶ場面

【やってみる】 動きのおもしろさを感じながら，意欲的に運動にかかわる子どもの姿が見える場面
【ひろげる】 自分なりに感じた「動きのおもしろさ」を探そうと主体的に学びを展開する場面

6．学びのあしあと

[第1時]

　まず，子どもたちはプールに入り，自由に走り回った。水深が50cmの小プールであるため，「キャァー，キャァー」と叫びながら，追いかけ合いをする子ども，水のかけ合いをする子ども，水の中に体を投げ出す子ども等，いろいろな活動をしていた。このように，まずは自由に子どもを活動させながら，水に対して恐怖を感じている子どもを探った。

カニさん歩きをするよ

　35人中5人の子どもが，水の中での居心地が悪そうであった。その子どもは，みんながプールの中を走り回っているのに対して，端の方で遊んでいたり，顔に水がかからないように立ったまま移動したりしていた。また，顔に水がかかった場合には，すぐさま手で顔をふいていた。このような様子から，水に対するかかわりのレベルに大きな差があることがわかった。

　水遊び初日ということもあり，水の中は「おもしろい」という感じをもたすことに重点をおき，水の抵抗を楽しむ活動を取り入れた。

　プールサイドから，「水の中に足から入水する」という約束をして，飛び降りる（飛び込む）活動をクラスみんなで行った。はじめは，シンプルにジャンプして足から入水していたが，慣れてくると，ジャンプして足を広げたり，クルッと回ったりと，いろいろなポーズをとりながらの活動に発展した。「次は，クルッとだ」「じゃあ私は，手をたたくよ」と，ほとんどの子どもが自分のやってみたい飛び込み方を宣言しながら，この活動を楽しんでいた。しかし，前述したように水に抵抗感がある子は，なかなか踏ん切りがつかない様子で，教師が手をつないで一緒に飛び込んだ。そうすると，2回目からは自らジャンプするようになった。相変わらず，顔に水がかかるとすぐにふいていた。1時間目ということで，子どもの実態把握に努めた。技能や意欲の個人差が大きいことがわかり，これら個人差をどのように吸収する活動を行っていくかが，課題として見えてきた。

水しぶきを大きく上げるぞ

[第2時～第4時（やってみる）]

　子どもが水の不自由さや浮く等の特性とかかわり，"おもしろい"と感じるような場面をつくり出した。また，水の中をあまり得意としていない子どもに対しても，自然と友だちと一緒に遊べるよう配慮した活動を計画した。

　まず，教師が鬼になり「だるまさんがころんだ」を行った。第2・3時の歩いて近づくルールから，

だるまさんがころんだ

第4～6時は，ワニ歩きで近づくルールへ発展させた。そして，第7時からは，ワニ歩きで近づき鬼が振り向くともぐるというルールを追加した。はじめ子どもは，「歩きにくいなぁ」というつぶやきの後，「先生へのタッチは飛び込んでもいいんですか」とダイナミックな動きになってきた。水遊びをあまり得意としていない子どもも，この活動には積極的に参加していた。第4時になり，ワニ歩きルールに移行すると，ますます意欲的な活動になった。「ワニのように静かに近づいてみよう」と指示すると，水の上に目だけを出してワニ歩きする子どもが増えた。子どものつぶやきには，「足が浮いて止まりにくい」「もぐると，先生の声が聞こえない」等，水の特性とのかかわりから「おもしろさ」を感じているようであった。水が苦手な子も第5時あたりになるとだいぶ慣れてきて，友だちと一緒に活動できるようになっていた。

ワニで先生まで行くぞ

[第5時～第12時（ひろげる）]

　「やってみる」場面において，「浮いてきた」「もぐって先生の顔が見えた」など，浮いたりもぐったりするおもしろさを感じたつぶやきが出てきたため，第5時の後半には，「いろいろな浮き方に挑戦しよう」「もぐってジャンケンをしてみよう」と，浮いたりもぐったりする遊びのバリエーションを増やそうと声かけをした。また，モノ（短く切った水道ホース，ゴルフボールとスプーン）を使った遊びも提案した。しかし，みんな楽しそうに，教師の指示した活動を行うのだが，自分たちで工夫した次への展開にひろがってこない。「ひろげる」場面では，このように遊ぶともっとおもしろく遊べるということに気づかせていきたい。そこで，第6時からは，「遊び方」を子どもに提示するのではなく，子どもが浮いたりもぐったりしたいという思いを自分たち

80

で展開できるような場を用意し，そのなかで自由に活動できるようにした。

　子どもは一人でいろいろな場所に出向き，フラフープをくぐったり，もぐってきてフラフープの中に顔を出したりして，いろいろな動きを工夫していた。また，友だちと一緒の動きをしてみたり，競争してみたりと多人数での遊びも工夫していた。毎時間，少しずつ設定を変えた場でも，浮く，もぐる，移動するという動きをアレンジして遊びをつくった。子どもがおもしろそうに活動していたのは，両端のフラフープからもぐり，真ん中のフラフープで顔を出してジャンケンする，フラフープのトンネルコースでの競争であった。「ひろげる」場面では，はじめ（第5時）一人で活動する子どもがいたが，すぐに友だちと一緒の活動に変化していった。

フラフープ・アスレチック

競争しよう・ジャンケンしよう

　単元後半には，ワークショップに展開し，自分たちがつくった遊びを交流する時間を設けようとしたが，グループの成員が流動的であり，固定させていなかったため，意識が高まらなかった。そこで，その場に集まってきた子ども同士で経験知を交換することを通して，今日の遊び方を決め，活動した。そして，授業後半には，他の場へ移動して遊ぶ場面を設け，新しい遊びが行えるようにした。

7．授業を振り返って

　水が苦手な子どもが5人いたと先に書いたが，その子どもがどのように変化していったかを報告する。5人のうち4人（男児2人，女児2人）は，「やってみる」場面の3時間目後半ぐらいには，みんなと同じような活動ができるようになっていた。これは，「動物歩き遊び」や「だるまさんがころんだ遊び」を行うなかで，水に対する抵抗感が薄らいできたためと考える。それは，動きの変化に現れた。ワニ歩きのとき，口が水面より下になったり，だるまさんがころんだの「初めの第一歩」時に，思いっきり飛び込んだりできるようになってきたのである。最後の一人（女児）であるが，第8時のとき，急にしっかり頭までもぐることができるようになった。この女児の活動を振り返ってみると，フラフープ移動のときに，ほとんどの子がフラフープの

上から「バシャッ」と飛び込むのに対して，フラフープの下からもぐって移動することにこだわった。その結果，顔を水につけることに自然と慣れたのではないだろうか。

　第10時は，6年生と同じ時間帯だったので，6年生に手を引いてもらい，大プールに入った。足が着かないため右の写真のように，体に力が入ったままの移動だった。浮く感じを体感しているのではなく，力で体を浮かしているのである。本校は，2年生から大プールに入る。また来年も，"体の力を抜いて浮くおもしろさ"に気づかせていきたいと考えている。

少し，こわいな

(湯口雅史)

> **実践例5**　〔中学年①〕

"水と友だち──プカッ，スーッと感じよう"
（浮く運動）

1．探求したい動きのおもしろさ

●いろいろなやり方で浮いたり，沈んだりしながら水を感じるのが，おもしろい。
●水の抵抗や浮く感覚を感じながら，移動する感じがおもしろい。

2．動きのおもしろさを「感じる」工夫

①浮いたり沈んだりするためには，呼吸（浮く場合は息を吸っていたほうがいいし，沈む場合は息をすべて吐き出せばいい）の工夫や，身体の力を抜く感じをつかませる必要がある。また，浮こうとすれば身体は沈み，逆に沈もうとすれば身体は浮いてしまう。水の中での不自由さを経験させたうえで，いろいろな用具（ビート板，プカプカボールなど）を使いながら浮いている（浮かされている）感じを十分に味わわせていく。【過】【具】

②陸上で移動するように水の中を移動しようとすると，水の抵抗を受け不自由な感じになる。水の中を「気持ちよく進む」にはばた足や手のかきを使い移動していくことが必要である。流れるプールや波などで水の流れをつくり，そこで進んでいくことなどを通して効率よく進んでいく感じに気づかせていきたい。【過】【材】

3．学びでの「気づき」の工夫

①グループ（生活班）で浮いたり沈んだりする「感じ」を共有することで，心地よく浮く感じを探求していく。友だちの動きや感じをまねしたり，教え合ったりすることで，より水の中でのおもしろさに気づくようにしていく。【形】

②進むための推進力として，ばた足，かえるキック，ドルフィンキック，壁をける，床をけるなどがあるが，まずはそれらのいろいろな経験を通して進む楽しさを味わわせていきたい。また，徐々に進む距離を伸ばせるかを試していくことで，より効率よく進む感じに気づくようにしていきたい。【過】

4．学びを見取るための視点（評価規準）

		無意識・・・・・・・・（気づき）・・・・・・・・意識		
	「気づき」「感じ」	動きのおもしろさへの気づき	動きの出来事への気づき	動きを工夫するための気づき
違和感	身体が不安定な感じ	水の中で思った動きができないが、浮いたり沈んだり移動したりする感じを楽しんでいる。	浮いたり沈んだり移動したりする感覚に気づき、より安定した姿勢になろうとしている。	浮いたり沈んだりする動きの安定さを保とうと工夫し、おもしろさにふれている。
（感じ）	身体が安定したり、不安定になったりする感じ	浮いたり沈んだり移動したりすることはできるが、その動きを繰り返している。	思ったとおりに進むことができないおもしろさに気づき、安定させようとしている。	安定した姿勢から効率的に水の中を進もうと工夫し、おもしろさにふれている。
一体感	身体が安定した感じ	浮いたり沈んだりするなかで、その場で楽しんだり、移動してみたりしている。	水の中の安定・不安定さの狭間で、より効率的な進み方に気づき生かそうとしている。	より安定した姿勢で水の中を移動していくおもしろさ（心地よさ）にふれている。

5．単元の流れと実際

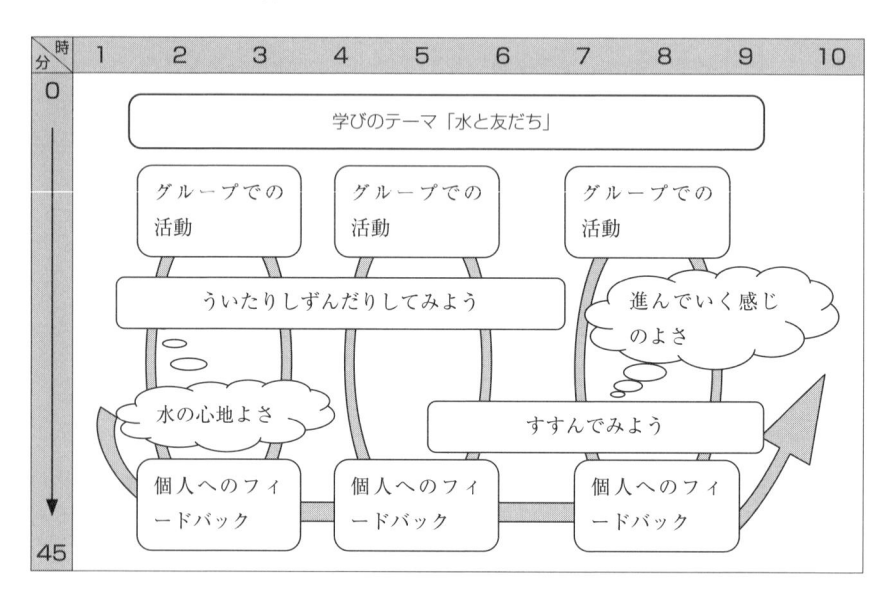

時／分　1　2　3　4　5　6　7　8　9　10

学びのテーマ「水と友だち」

グループでの活動　グループでの活動　グループでの活動

ういたりしずんだりしてみよう

進んでいく感じのよさ

水の心地よさ

すすんでみよう

個人へのフィードバック　個人へのフィードバック　個人へのフィードバック

45

6. 学びのあしあと

[第1・2時]

　授業のはじめにバブリング，ボビングをし，その後流れるプール，波をつくる活動を行った。子どもたちは流れに乗ったり，流れに逆らったりするなかで，「運んでもらっている感じ」「壁になった感じ」「ドーンと押された感じ」など，さまざまな感覚を水の中で得ることができた。

　「ういたりしずんだりしてみよう」では，用具につかまったり，人につかまったりしながら浮く活動を楽しんでいた。何もつかまらず浮いている子ども，すでにもがきながら浮くために進んでいる子どもの姿があった。「力を抜くとふわっと浮く」「雲の上に浮いてるみたい」「空中にいるみたい」とさまざまな感じを楽しんでいた。ただ，水の中にとどまる「沈む」というよりはすぐに水面に上がってしまう「もぐる」になっていて，水中で息を吐ききることが難しいと感じた。子どもたちは水の中で息を吐くことに怖さを感じており，ボビングやバブリングの必要性をあらためて感じた。水の中にとどまることにも怖さを感じている子どもが多く，「耳が押された感じがした」「鼻がツンとした」など身体的な感覚をとらえていた。

　浮こうとすると沈んでしまい，沈もうとすると浮いてしまう感覚をもった子どもが多く，「先生，いまから沈むね」と言ってきた女の子が，プカッと見事に浮いてしまっていた。意識との違和感が不自由さであり，水の中でのおもしろさなのかもしれない。

[第3・4時]

　前時に水の中で息を吐くことができない子どもが多かったため，はじめの活動として，ペアでピンポン玉を吹き合う活動を行った。肩まで水につかって吹くことで水圧を感じながら息を吐く感覚をつかむことができた。また，教師側から，沈みながらピンポン玉を吹くように息を吐くと沈む様子を提示し，その後，「ういたりしずんだりしてみよう」の活動に移った。沈むための視点を与えた

ことで子どもたちはなんとか息を吐いて水の中に沈もうと試みていた。沈むことができるようになってきた子どもたちは、友だちとかかわりながら浮いたり沈んだりする活動に没頭していた。モノとのかかわりも、前時はビート板やプカプカボールとのかかわりだったのが、徐々に水とのかかわりへと変容しているように感じた。浮いたり沈んだりするなかで、水の中で逆立ちをする、水の中で一回転するなど、動きが多様になってきている。

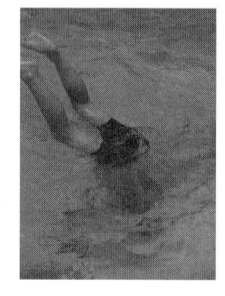

いろいろな「浮いたり沈んだり」する活動を通して、子どもたちは「空に浮いているみたい」「宇宙にいるみたい」と浮遊する感じを体験し、「体がなくなったみたい」と水と自分の体が一体となった感覚を感じていた。

[第5・6時]

「ういたりしずんだりしてみよう」の活動では、徐々に沈むことができるようになり、水の中にいるということに楽しみを見出し、どの子どもも意欲的に取り組んでいた。また、子ども同士のかかわり合いも増えてきて、グループで足をつかみ合ってはしご状に浮くなど、友だちと一緒に浮いてみたり沈んでみたりしている姿が多く見られた。できるようになった子どもが苦手な友だちに教えている姿が自然に現れた。苦手な子どもも、水に浮いたり沈んだりしてみようという行動が見られ、お互いに楽しそうに活動していた。

しかし、「すすんでみよう」の活動に入ると、子どもたちはいままでの楽しんでいる姿から「泳ごう」という意識が強くなってしまい、苦手な子どもは水に対して怖さを抱いたようだ。自然と「進む」に目を向けていけなかったのが、子どもの学習の流れを切ってしまったようだ。

そこで怖さを感じている子どもには、ヘルパーやビート板を教師から提示し、浮く感覚を味わわせた。そうすることで、子どもに安心感が生まれ、意欲的に活動するようになった。ビート板を友だちに引っぱってもらったり、自分でばた足をして進んでみたり、試行錯誤のなかで進もうと取り組む姿が見られた。

子どもたちには「スーッと」進むように声をかけ,「スーッと」進むために壁をけって,け伸びになっていくような活動が生まれたため,全員にその動きを紹介した。その後,いろいろなグループで壁をけって勢いをつける活動が生まれ,もぐって進んだり,浮いたまま進んだり,友だちの足の間をくぐって進んだりと多様な「進む」活動がでてきた。進んでいくなかで,途中で立ってしまった子どもは「苦しいから立ってしまった」と言っていた。自分なりに息継ぎをしようと試みていたが,まだうまくいっていないようだった。背浮きから進んでいく子どもは「息継ぎ」の必要がなく,気持ちよさそうに進む活動にひたっていた。そこで,「どこまで進めるか試してみよう」と提示すると,方向は定まらないものの,25mプールの端から端まで無理なく進むことができるようになっていた。

[第7・8時]

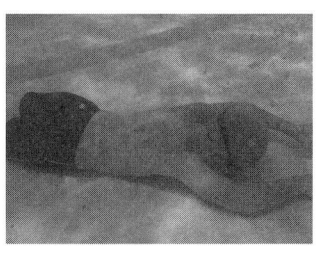

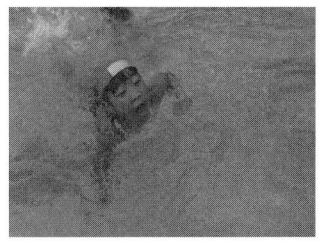

流れるプール,波,ピンポン玉を吹く活動を行った後,「ういたりしずんだりしてみよう」の活動に入った。4回目の活動なので,上手に水の中で息を吐き,沈むことができる子どもが増えてきた。また,完全に沈むことができない子どもも,楽しそうにもぐって沈もうとしていた。

「すすんでみよう」の活動では,息継ぎの視点を与え,子どもたちは自分なりに息継ぎの方法を考え,試行錯誤していた。息継ぎの前に一度浮き,犬かきの要領で手をかいて呼吸している子どもが多かった。前時,進むことを怖がっていた子どもには,教師からヘルパーとビート板を与えた。モノからの浮力を借りることで怖がることなく浮きながら進むことを楽しんでいた。ビート板だと身を乗り出し,モノに依存しすぎてしまうため,プカプカポールのジョイント部分を渡し,ビート板の代わりとした。ジョイント部分は,身体を乗せすぎると沈んでしまうが,腕を伸ばし,自分の力で浮こうとすると,うまく浮くのを助けてくれるようだ。

学習の最後に「どこまで進めるか試してみよう」と声をかけ,全員で取り組むことにした。それぞれが思い思いの泳ぎ方(進み方)で進んでいた。距離でいうと,短い

子どもで5m, 長い子どもで25mであったが, 距離にかかわらず「空を飛んでいるみたいだった」「魚になったみたい」などと水とのかかわりを楽しんでいた。水に浮いている感じから, 水に浮かされている感じへ, 水の上を進んでいる感じから, 水に身体を運んでもらっている感じへと変容しているように思えた。

[第9・10時]

　最後のプールの学習, 子どもたちは流れるプールや波の活動を楽しんでいた。水に慣れ, 歩いて進むことにも抵抗がなくなっており, とても速く流れをつくることができた。流れに身を任せ, 浮いてみる活動だけではなく, 流れに逆らって泳いでみることにも取り組んだ。水の力を感じ, 水に助けてもらったり, 壁になったりするなど, たくさんの感覚を味わうことができた。

　「すすんでみよう」の活動では, 前時から息継ぎに課題があったため, 教師から「長い時間浮いているには息を吸わないといけないよね。どうすれば息を吸えるか考えながら進んでみよう」と声をかけた。また, 手のエンジン, 足のエンジンをうまく使って進むことを視点に与えた。子どもたちは試行錯誤の中で手足を使い, スタートは「手をロケットにして壁をける」, 途中では, 進むために「クロールのように手をかく」, 息継ぎは「犬かきのように」と工夫して泳いでいた。呼吸を楽にするために背浮きから進む(背泳ぎの型)ことを楽しんでいる子どもも多かった。グループによっては, はしご状につながって浮いていた子どもたちがその形で進むことに取り組んでいた。進むことを怖がっていた子どももモノ(ヘルパーやビート板)の助けを借りながら進む活動を楽しんでいた。

　学習のまとめとして,「いままでのことを思い出しながら, どこまで進めるか試してみよう」と前時同様声をかけ, みんなでどこまで進めるかに挑戦した。自分なりの泳ぎ方で進む子どもが多く, 前年度や学習のはじめと比べて進んでいる(泳げている)感覚をもっていた。

7．授業を振り返って

　「感じ」と「気づき」を大切にした授業では，「泳げるから楽しい」「泳げないから楽しくない」という子どもの意識がなくなり，水とのかかわりを楽しんでいた。

　学習のはじめは，水を介して，モノ（ビート板，プカプカボール，おもりなど）とのかかわりを楽しんでいたが，徐々にモノが道具から水へと変容していった。子どもの感想に「最初は水と友だちになりたくないと思っていたけど，学習している間ずっと楽しくて，水と友だちになれた気がする」という記述があった。水とのかかわりを大切にし，子ども自身が探求していった成果であろう。

　「水と友だち」という大きなテーマで，「ういたりしずんだりしてみよう」「すすんでみよう」という学習の視点を与えたことで，子どもたち一人ひとりが水とのかかわりを楽しんでいた。「～しなくてはいけない」「泳がなくてはいけない」という子どもたちのいままでの概念をくずし，水の中で身体の不自由さを感じ，自由に動けることに気づくことは泳げる子どもにも，泳げない子どもにも大切だと感じた。また，泳力別ではないグループをつくったことによって，子どもたちのかかわり合いが豊かになり，子ども同士の共感が生まれた。いろいろな子どもがかかわり合うなかで，一緒に何かをしたり，教え合いをしたりするなど，みんなが楽しむことのできる学習になったと考える。

　しかし，今回は「ういたりしずんだりしてみよう」と「すすんでみよう」の間にある難しさや，子どものつまずきを教師が見取ってあげることができなかった。進むことに怖さを抱いてしまった子どもに対する適切な声かけや活動を今後検討していく必要がある。

（永末大輔）

実践例6　〔中学年②〕

"水中ロケット　発射!!"
（浮く運動・泳ぐ運動）

・・・

1．探求したい動きのおもしろさ

- 陸上では味わえない浮遊感（不安定さ）がおもしろい。
- 「グンッ」と推進力を生み「スーッ」と進むときの水との一体感がおもしろい。

2．動きのおもしろさを「感じる」工夫

①「流れるプール」により水の特性をペアやグループで共感的に味わえる展開構成をする。【過】

②プールの壁や床をけって、「グンッ」と水の抵抗に逆らう感じや「スーッ」と水中を滑る感じを味わわせるため、対極的な動きを往還的に組み合わせていく。【過】

③補助具（ビート板）を適宜使用することによって浮遊感や「グンッ」という水の抵抗を味わわせる。【具】

3．学びでの「気づき」の工夫

①「流れるプール」により水の抵抗を受ける・受けない身体の所作への気づきを促す。【過】

②ペアやグループでのかかわり合いによる、水中での「スーッ」と進む動きを探求していく過程で、動きの巧みさへの「気づき」を促す。【過】【形】

③進む感じと進まない感じの対極を味わわせることによって、「スーッ」と進む感じへの気づきを促す。【支】

4．学びを見取るための視点（評価規準）

		無意識・・・・・・・・・（気づき）・・・・・・・・・意識		
	「気づき」「感じ」	動きのおもしろさへの気づき	動きの出来事への気づき	動きを工夫するための気づき
違和感	人や物とのかかわり合いが不安定な感じ	水にうまく働きかけたり，働きかけられたりすることができないが，そのこと自体を楽しんでいる。	巧みに動くおもしろさに気づき，安定した場を生み出そうと試みている。	巧みな動きを試行錯誤し振り返るなかで，安定・不安定の均衡を保とうとして課題を設定して楽しんでいる。
（感じ）	人や物とのかかわり合いが安定した感じ	水とのかかわり合いが安定し，その動きを繰り返し楽しんでいる（快感覚にふれている）。	不安定なかかわり合いを安定させる術に気づき，安定した場を生み出そうとしている。	課題を難しくして動きの安定と不安定さの均衡を保とうと工夫し，おもしろさにふれている。
一体感	人や物とのかかわり合いが安定したり，不安定になったりする感じ	動きを安定させようとして「できるかできないか」という動きのおもしろさを味わっている。	動きの安定・不安定さの狭間で，巧みな動きを崩す条件に気づき，それを生かそうとしている。	課題の困難性を保ちながら，技能向上とともに行い方を工夫し，仲間と協働して運動している。

5．単元の流れと実際

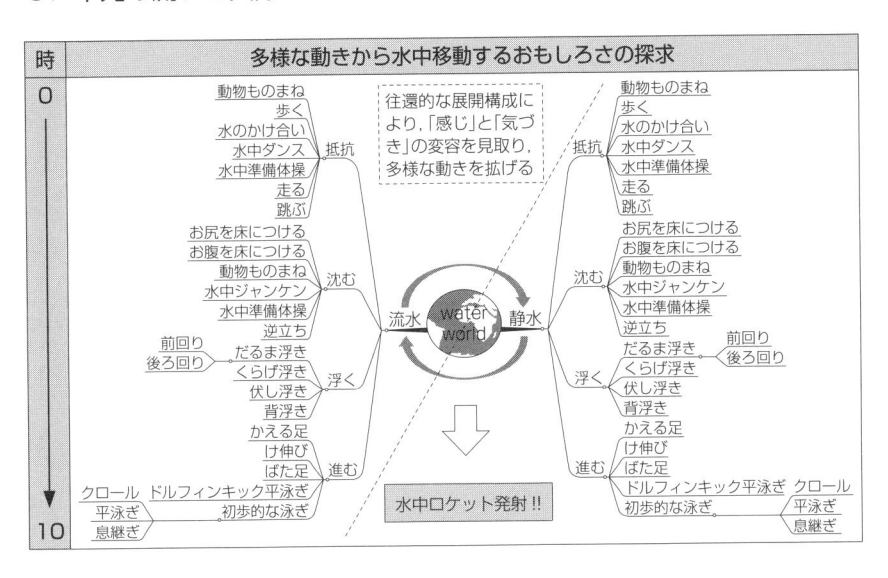

6．学びのあしあと

[第1・2時]

　陸上とは違い，空気に較べて密度が800倍もある水の世界に誘うことを本時では大切にしていった。子どもが「おもしろい」「心地よい」と感じるための身体性のひろがりを重視した。陸上のようにはうまくいかない呼吸や浮遊感といった，水ならではの出来事を体感することから始まった。

　前半，流れるプールを取り入れる。ボビングで移動しながら流れをつくり，流される感じを楽しんでいた。流れができたところで，いろいろな浮き方を試してみるように働きかけた。子どもたちは，水に漂う感じを味わおうとしていたが，浮遊感を味わうまでには至らなかった。

　後半は，「水中ロケット　発射!!」をテーマに設定し，発射台（床または壁）を「グンッ!」とけり，「スーッ!」という「感じ」を身体で感じようと子どもたちに投げかけた。子どもたちは，床をけってまっすぐ伸びるように跳び上がる。硬さが残り，十分に膝を曲げて沈みきれない様子である。そのため，水を突き抜けるような感じではなく，水面に伸び上がるようなジャンプである。ペアで一緒に跳び上がったり，交互に跳び上がったりして身体を水面に投げ出して楽しんでいた。

[第3・4時]

　「流れるプール」をつくる際にボビングで移動し，流れができたら流れに身を任せてぷかぷか浮いてくつろげるようになった。教師が共感的に子どもたちにかかわることにより，教師の動きや仲間の動きを観察して，まねしようとする動きが出てきた。水中を移動する際，手や頭からグンッと前方に突っ込んでいくような感じを楽しむようになった。潜水して進むおもしろさも感じようとしていた。伏し浮きから背浮きになって息継ぎをしたり，手で前方の水を押さえて息継ぎをしたりして，泳ぎを持続させようとする意識が出てきた。

　静水において，ビート板を水面に対して垂直にしてけ伸びをしたり，水平にしてけ伸びをしたりすることによって，「スーッ」と進む感じを体感していった。

[第5・6時]

　流水または静水の状況でペアによるバブリング，くらげ浮き，伏し浮き，背浮きを行った。友だちがついている，または，手をつないでくれている安心感からか，さらに抵抗なく床から足を離すようになった。

静水では，移動する際には壁をしっかりけって，水中で伸びる感じを少しずつ身体で理解してきたようだ。余分な力が抜け，まっすぐ伸びた姿勢を維持する時間が長くなってきた。徐々に1回1回の動作がゆったりと大きくなってきた点からも「スーッ」を感じるようになってきたといえる。教師も笑顔で子どもたちに接し，子どもたちの中（内面）に入り込むことによって教師の動きにも注目し，水中を移動することに対して協働的な関係を築くようになってきた。このときの教師は，子どもたちの目線に立った一参加者としての役割を担うところから始め，子どもの動きをまねしてみたり，教師の動きを子どもがまねしてみたりすることで，他者の動きへの意識づけを図り，子どもたちの動きがひろがっていった。

[第7・8時]

　すでに，前時までのアクティビティは飽和段階を迎えていることが見取れ，本時では，静水においてリズミカルな呼吸で連続して「スーッ」を味わうことをメインに展開した。つまり，単発の「スーッ」ではなく，「スーッ」と水の中を移動する感じを持続するおもしろさを探求するものである。実際に子どもたちは，壁をけってスタートし，け伸びの姿勢から大きく水を横にかいて呼吸したり，背浮きになって呼吸をしたりしながら続けて移動しようとしていた。自然と手や頭を前方に突っ込むように伸ばして進む子が増えてきた。

[第9・10時]

　本時では，「ペア→グループ→個人」の学習形態でアクティビティを展開していった。この単元終盤では，自己の学びの変容を振り返ることを意識させるようにした。また，25mのコースでのアクティビティを設定することにより，より効率的に「スーッ」と伸びる感じを探求していくようになった。

7．授業を振り返って

　教師の役割という視点から本実践を振り返ってみたい。本単元の学習ではTTによって教師の役割を分業化していった。T1は，主に全体の学びをファシリテート（進行・促進・橋渡し）することに努めた。全体の活動が飽和段階を迎えているかを見取りながら，次の段階を進めていくようにした。T2は，子どもたちと活動を共にし，共感的にかかわっていった。各ペアやグループに入り，個々のよさを認めたり，多様な動きを引き出したりする役割を担った。T3は，特に水に対して苦手意識をもっている子に共感的にかかわっていくようにした。これは，あくまで大枠としてとらえていた

だけたらと思う。例えば、T1はT1の役割に固執するという意味ではなく、T2やT3の視点ももちつつ、互いにコミュニケートしながら進めていくものである。つまり、分業とは、各々が目的を共有し、その目的に迫るために分業が始まるのであって、分業ありきではない。したがって、本単元のねらいに迫るために「分業化していった」のである。特に本単元では、水の特性を子どもたち自身に身体で感じてほしいため、「流れるプール」をふんだんに取り入れた。これは、文字どおりのプールの水を「かき回す」ことにとどまらず、子どもたちの身体性をも「かき回す」ことをねらったものである。子どもたちは遊び感覚で行っていても、教師の側としては、水の特性（世界）に誘う学習材として、強く認識する必要がある。そのうえで、子どもたちと共感的にかかわり合い、子どもたちの身体性をひろげていくための協働的な存在になることが求められる。

　この「流れるプール」ひとつを取り上げてみても、単元の中で子どもたちは「感じ」と「気づき」に大きな変容を見取ることができた。大きく単元を前後半に分けると、前半における子どもたちは水に働きかけられる感じを味わい、後半は水に働きかける感じを味わっていた。もちろん前半も後半も、子どもたちは水に流れを生み出すために水に働きかけるのだが、前半は、水に流される感じを楽しんでいた。まだ水面に対して垂直の棒立ち状態であるが、徐々に床から足が離れる時間が長くなっていく。そこで、流されながらも「沈んでみよう」「いろいろな浮き方をしてみよう」「反対向きに回って流れるプールをつくろう」等と教師が働きかけ、子どもたちの身体性を「かき回す」のである。すると、子どもたちは床から足を離し、水に身体を投げ出し、水に委ねる行為へと変容していった。さらに、推進力を得ようと手足を動かし、水に働きかける様相が見て取れた。また、途中から反対向きに流れを変える場面では、水の抵抗を全身で受け止めることにおもしろさを感じていたが、水面に対して身体を平行にし、水の抵抗を減らす子たちが増えてきた。さらに、手足を動かし、水の流れに逆らって移動しようとする子も見られた。みずから水に働きかけ移動しようとする萌芽を見取ることができた。

　このようなアクティビティをペアやグループの学習形態で行った。そうすることで、互いの「感じ」や「気づき」を共有し、ひろげていくことができ、さらには、水の中を移動するという目的（意味）の共有化とその目的に迫るための課題づくりへと発展していくこととなった。いわば目的地への「道づくり」と目的の方向へ発進していくための課題が学びの「流れをつくる」ということになるだろう。このときのT2やT3は、

子どもたちの協働的な存在となり，互いの「感じ」や「気づき」を共有しひろげていくための一員となっていた。学びとしての「場のマネジメント」（伊丹，2005）をいかにつくり出していくかを強く認識した単元であった。

　鈴木（2011）は，スポーツ科学が進んだ今，子どもたちに効率的な練習をさせてあげたいと思う反面，むだも必要であると主張している。つまり，何度も何度も同じことを繰り返しているうちに自分なりのコツをつかんでいくものであり，何もつかめないうちに次の練習に移ってしまえば，その前の進歩がなく，また一からやることになってしまうことになり，身体で科学を知っていくことをおろそかにしてしまうことを危惧している（鈴木，2011）。「いま-ここ」の子どもたちの「何を」「どのように」見取っていかなければならないのか，子どもの目線に立ち方向づけることも教師の重要な役割である。いま，この時だからこそ味わえる「感じ」や「気づき」から身体性をひろげていきたいものである。

（寺坂民明）

〈参考文献〉
伊丹敬之（2005）『場の論理とマネジメント』東洋経済新報社
文部科学省（2004）『学校体育実践指導資料 第4集 水泳指導の手引（二訂版）』日本文教出版
鈴木大地（2011）「水泳の奥深さを知ってほしい」『Science Window』通巻40号，独立行政法人科学技術振興機構

実践例7 〔中学年③〕

"水はお友だち──ばた足キック"
（浮く運動・泳ぐ運動）

・・・

1．探求したい動きのおもしろさ

●アイテムを使って水に浮かんでいる感覚がおもしろい。
●遠くへ進む距離を伸ばせるように浮いて，前へ進む感覚がおもしろい。
●水が自分の体の横を通りすぎていき，前へ進む感覚がおもしろい。

2．動きのおもしろさを「感じる」工夫

①いろいろなアイテムを使って浮く。一人で浮くことが困難な子どもに，浮くことを体感できるようにする。いくつかのアイテムを自分で選び，使用して浮かぶことができる。【具】【材】
②水中での移動距離を求めて（け伸びの姿勢）遠くまで浮く。①で浮くときに使ったアイテムを使用して，距離を伸ばせるように浮くことができる。【具】【過】
③自分の力で進む距離を求めて面かぶりキックへと発展する。ばた足を使うことで，自分の力で水中を進む感覚の気持ちよさを感じる。水中を進む気持ちよさと，遠くまで進んで行きたいという意欲を高めるようにする。【声】【過】【形】

3．学びでの「気づき」の工夫

①「プカプカ」の言葉かけをもとに，長時間浮いているにはどうすればよいのか。浮きやすい教具を使用しながら，浮きやすい姿勢を探求して挑戦できるようにする。
【声】【具】
②次のステップ「スイスイ」では，何も教具を使わずに遠くまで，よりスムーズに進む活動を行う。よりよく進むばた足のフォームを体感しながら活動する。前に進んでいる勢いや推進力の気持ちよさを感じられるように，友だちとペアになり，前に引っぱってもらう活動を取り入れる。最後は，自分だけの力で水中を進んでいる感覚を楽しみつつ行うことができるように活動する。【過】【形】

4．学びを見取るための視点（評価規準）

		無意識・・・・・・・・・（気づき）・・・・・・・・・意識			
	「気づき」「感じ」		水中の動き方への気づき	水の抵抗への気づき	水中の動きを工夫するための気づき
違和感		浮くことが不安定な感じ	水の浮力を感じて水中の感覚を楽しんでいる。	身体の力の入れ方など長時間浮く方法を試している。	いろいろなアイテムを使って浮く感覚を比べている。
（感じ）		水の中を進むのが安定している感じ	水中を進むことで、水の流れや水が通りすぎる気持ちよさを感じている。	姿勢によって抵抗の違いがあり、遠くまで進むことができない水の抵抗を感じている。	友だちに、前へ引っぱってもらうことで、上手に進むためによい姿勢を保つようにしている。
一体感		水の中を効率的に進んだり、崩したりする感じ	水中を進む感覚の気持ちよさを感じている。	非効率なばた足だと抵抗を受けて進むことができない。効率的なばた足の方法を試している。	遠くへ速く進むための方法を見つけて、自分だけの力で前に進んでいる感覚を楽しんでいる。

5．単元の流れと実際

時数	目標	活動内容
1 2 3 4	水に浮く感覚を楽しもう 水に長い時間浮いてみよう	「プカプカ大作戦」 水中にいることを楽しむ活動 いろいろなアイテムを使って浮くことを楽しむ活動
5 6	水に浮かんで、遠くまで進もう	「プカプカ大作戦2」 アイテムを使って遠くまで進める姿勢を見つけ出す。 浮くから→距離を求めて（け伸びへと）ストリームラインの確立をめざす活動
7 8	ばた足を使って、もっと遠くまで進もう	「スイスイ大作戦」 け伸びから、ばた足を使うと速く進むことを気づかせる。 ばた足を使って、水中を進む感覚の気持ちよさを感じる。 ビート板ありのばた足によって、ばた足の感覚をつかむ。 ビート板ありの顔つけばた足により、ばた足時の姿勢を保ち、ばた足できるようにする。

第3章 「水泳」の授業実践

97

| 9
10 | 道具を使わないで、自分の体だけで遠くまで進もう | 「スイスイ大作戦2」
前に引っぱってもらいながら、水の中を進む感覚をつかんでいく。 |

6．学びのあしあと

　水泳では、水に顔をつけることは基本である。水に顔をつけることができなければ泳ぐことはできない。最初はいかに水に対する苦手意識を克服し、水中にいることの楽しさが感じられるようにしていくことが大切である。

　水に親しみ、顔がつけられるようになると、より楽しさは増してくる。そして、もっともっといろいろなことにチャレンジしてみたくなるだろう。水慣れからの第二段階においては、水の浮く力を体感（感じる・気づく）できるように行う。

　以下、水の浮く力を体感（感じる・気づく）するための活動実践である。

「水慣れ」

　はじめに子どもの水に対する緊張感や抵抗感を解き、水中での気持ちよさを感じ、次の活動へスムーズに移行するための活動である。

　①腰かけキック
　・できるだけ前に座る
　・自分の足をよく見る
　・足の甲に水がのる感じを意識する
　・膝を伸ばして行う
　②水慣れ（ゴーグルあり）
　・顔を洗う・顔つけ・顔を10秒つける・顔をつけて口からブクブクを出す
　・顔をつけて鼻からブクブクを出す
　・水中じゃんけん・顔をつけてのじゃんけん・頭までもぐってのじゃんけん
　・輪くぐり（歩きながらくぐる・輪を飛び越す）
　・ホースひろい（顔をつけて足でひろう・もぐって手でひろう）

「プカプカ作戦」

　前へ進むことではなく、水に浮く感覚を楽しみ、浮く感覚を覚える活動である。浮

くことが苦手な子どもも，浮くことを補助してくれるアイテムを使うことで安心感をもつことができたようである。最初は不安定に「よろよろ」していた様子もあったが，繰り返し行っていくと浮いている状態がつくれるようになっていった。
　③いろいろなアイテムを自分で選んで使って浮く
　・ビート板・ペットボトル大小・ヘルパー・ボール

「プカプカ大作戦2」
　浮くことから距離を求めて（け伸びへと）前に進む感覚を覚える活動である。浮くことができるようになり，浮いている感覚「プカプカ」が楽しいと感じている様子が見られた。その様子は，まるで母親のお腹の中にいるかのように，浮いている感覚が気持ちよく，不思議な感覚を味わうことができた実践となった。
　浮くことから，前へ進む推進力を体感（感じる・気づく）できるような活動を行った。子どもは手や足のバランス，体の力の入れぐあいを調節しながら，前へ進むためのよりよい姿勢を見つけ出そうと試みていた。ときにはひっくり返りそうになり，まっすぐ進めず右や左に逸れながらも体のバランスを保とうと楽しんで活動することができた。
　④浮く補助具として使ったアイテムを持って，前へ距離を伸ばせるように浮く。
　・浮いているときの体に，力をどのようにしているかを感じられるようにする
　・手や足でバランスをとる
　・力を入れるのか，やわらかく力を抜いているのか，意識させていく
　・背面の姿勢でも浮きやすいのか，顔をつける（つけない）と浮きやすいのか

「スイスイ大作戦」
　浮くことができるようになり，距離を求めて（け伸びへと）ばた足をつけて，進むことを感じる活動へと入っていった。この活動では，浮くだけではなく，ばた足を使うと速く進むことに気づかせ，水中を進む感覚の気持ちよさを感じられるように行った。活動の中では，壁やビート板を使い，基本的なばた足の動きを頭で考えずに体で覚え，ばた足の感覚をつかめるように活動を進めていった。浮くことができるようになってきているので，子どもは速く進みたい，遠くまでスイスイと進んでいきたいと意欲的な姿を多く見ることができた。
　⑤肘かけキック…・壁いっぱいに手を伸ばす・目線は1mくらい上を見る
　　　　　　　　・肩の力を抜く・膝を伸ばす
　　　　　　　　・足の裏が少し水から出る高さまでキックする

⑥壁キック…・壁の端を持つ・顎を水につける・おしりを回す感じでキックする
⑦板キック…・まっすぐ前を見る・できるだけビート板の前を持つ
　　　　　　・目安としてプールサイドにコーンを立てる（5m，10m，12.5m）
　　　　　　・時間内にどこまで進めるか挑戦する
　　　　　　・規定の場所までのタイムを計る

「スイスイ大作戦2」

　最初は，ペアの友だちに前へ引っぱってもらいながら，水の中を進む感覚をつかんでいく活動を行った。うまく進むことができない子どもでも，手を引っぱってもらうことで前へ進む感覚を感じることができるような活動となる。また，ペアの友だちの手の上に自分の手を乗せて引っぱってもらっているので，水の中を進むことが不安定な子どもでも安心感がある活動となった。

　次に，ゴムひもを引っぱる側とゴムひもを持ってばた足をする側に分かれて活動を行った。自分の手を相手の手に乗せて行う活動と違い，下へ強く圧力をかけることはできないので，相手の手に乗せることよりも1ステップ上の活動となっていった。遠くへ速く進むための方法を見つけて，うまくバランスをとりながら水の中を進んでいる感覚を楽しんでいるようであった。ビート板を使わずに，水の中を自分の力で効率的に進む感覚を味わっていくことへつなげていくことができた。

⑧ヘルパーを水面にひろげ，水の中を進みながら，ヘルパーの中を突き進む感覚を楽しめる活動となる。
⑨ボールを水面にひろげ，水の中を進みながらボールへ突き進む。より小さい障害になるので，前へ突き進む感覚をさらに楽しめる活動となる。
⑩子ども同士がペアを組んで，手を引っぱる側と手を乗せてばた足をする側に分かれて交互に活動する。
⑪子ども同士がペアを組んで，ゴムひもを引っぱる側とゴムひもを持ってばた足をする側に分かれて活動する。
⑫輪（フラフープ）をけ伸びの姿勢でくぐり抜ける（フラフープ大・小）。輪をくぐり抜けたら，ばた足をして前へ進む力を身に付けていく。

7．授業を振り返って

　水泳実践の活動は一人だけの活動であったり，一人で黙々と練習を行ったりして自己の成長を感じ取る活動ではない。ペア同士でのふれあいの中での活動により，練習

時に一人ではない安心感が得られる。友だちに支えてもらい，声をかけ合って，気がついたことを伝え合うことで，楽しみながら相手の課題に気づき，伝えることができる。そのなかで，自分はできているのかを確認することができ，活動の中での気づきにつながっていった。共に活動を行い，声をかけ合い，同じレベルの中での目標へ向かう気持ちや励まし合い，できた喜びを共有し合うことが次のステップへ進む意欲につながっていくと感じている。

　水にふれる，水に入る楽しさや活動の気づきをもてるように多様な活動を取り入れてきた。例えば，プカプカ，スイスイという言葉も，活動のイメージを描き，練習の中で自然と身に付くものとして一つの例であろう。

　今回の授業実践を通して，一年たっても今年の活動のイメージを言葉（プカプカ，スイスイ）から動きとして忘れないものとなったのではないかと考える。子どもが活動を通じて，泳力の向上として残るだけでなく，水泳が好きである，水泳を楽しいと感じてほしいと願う。

（小板橋正隆）

実践例8 〔中学年④〕

"いろいろに進んでみよう"
（浮く運動・泳ぐ運動）

1．探求したい動きのおもしろさ

- 水中という不安定な状態で，バランスを保つために，体をうまく操作できたり，できなかったりすることがおもしろい。
- 水の浮力や抵抗を利用し，浮いたり，もぐったり，いろいろな方向に移動することがおもしろい。

2．動きのおもしろさを「感じる」工夫

①子どもたちは，水中という不安定な状態で，これまでの水遊びの学習を想起し，いろいろに浮いたり，もぐったりすることにより，動きのおもしろさにふれる。そこで，教師がいろいろな浮き方や水慣れ遊びを提示し，やってみる場面を設定することにより，クラスのみんなで動きのおもしろさを共有する。【過】

②水に慣れ，バランスが保てるようになってくると，水の中をいろいろに移動してみたいという意識が強くなる。そこで，呼吸をしながら，プールの底に足を着けないで，いろいろに進んでみようというテーマ探求型の学習を展開する。【形】【材】

3．学びでの「気づき」の工夫

①4人で一つのグループを編成し，泳ぎの得意な子とそうでない子を混在させ，友だちの動きを見る視点を明確にすることにより，友だち同士で動きへの気づきを促せるようにする。【形】

②「どんな泳ぎ方でもいいから，プールの底に足を着けないで，目的地まで行って帰ってくる」という目標をもつことにより，子どもの自由な発想を生かしながらも，初歩的な泳ぎへの気づきを促す。【過】【声】

③動きへの気づきを共有化する場面において，水中で自分の身体を思うように操作できている子どもに注目させることにより，動きへのイメージをつかみやすくする。【支】【声】

4．学びを見取るための視点（評価規準）

		無意識・・・・・・・・・（気づき）・・・・・・・・・意識		
	「気づき」「感じ」	動きのおもしろさへの気づき	動きの出来事への気づき	動きを工夫するための気づき
違和感	身体が不安定な感じ	水中で安定した姿勢を保つことはできないが，不安定な感じを楽しんでいる。	水中でバランスを保つおもしろさに気づき，伏し浮きやくらげ浮きで，安定した場を生み出している。	友だちに手を持ってもらったり，腰を支えてもらったりして，水中でバランスを保とうとしておもしろさにふれている。
（感じ）	身体が安定した感じ	水中で身体を思うように操作できているが，浮いたり，もぐったりを繰り返し行い，楽しんでいる。	浮いたり，もぐったりするおもしろさに気づき，いろいろな方向へ進んでみようと試みている。	ブイを回ったり，水中や水面にあるフラフープをくぐったりして，水中でバランスを保とうとして，おもしろさにふれている。
一体感	身体が安定したり，不安定になったりする感じ	水中で身体のバランスを保とうとして，手や足を動かして，おもしろさを味わっている。	いろいろな方向へ進んでみたり，止まって浮いたりして，呼吸のリズムに気づき，水中で足を着かないでいられるために生かそうとしている。	グループの友だちの動きを見合ったり，自分の動きに取り入れたりしながら，技能の向上とともに，仲間と運動することのおもしろい世界にふれている。

5．単元の流れと実際

1	→	2〜4	→	5〜7
いろいろな移動が楽しめるように，水慣れ遊びをしよう。		目的地まで行って，帰ってこよう。足を着けないで行けるかな。		リングをくぐって帰ってこよう。足を着けないで行けるかな。
水の中では，身体がどんなふうに動くかな。友だちと一緒に浮いたり，もぐったりして楽しもう。		自分に合った，手のかきや足のかきで進もう。自分に合った補助具（ビート板やヘルパー）を使おう。		グループの友だちの動きをよく見よう。自分がやってみたい動きのモデルになる友だちを見つけよう。
浮いたり沈んだりして，バランスをとるのが難しいな。水の中で動くのはおもしろいな。もっとやってみたいな。		水の中で，自分の思うように身体を動かせるようになってきたよ。新しいコースでやってみたいな。		いろいろな泳ぎ方で，呼吸をしながら進めるようになったよ。こんどは，もっと長いコースを泳いでみたいな。

6．学びのあしあと

[第1時]

　1年ぶりのプールでの学習であることから，水に慣れ，前年の学習を思い出しながら活動することから始めた。そこで，教師から，呼吸の感覚をつかみながら，水の中をいろいろに移動するために必要な，下（写真①～③）のような感覚づくりの運動を提示した。

　①じゃんけんタクシー　　②動物歩き　カニ　　③動物歩き　カンガルー

　子どもたちは，水中という不安定な状態でバランスを保とうとする動きのおもしろさを感じながら，水の中での動きの感覚に気づき，自然に浮いたり，もぐったりしていた。また，水の抵抗を感じて進むおもしろさを味わい，呼吸をしながら，水の中を移動することを楽しんでいた。その様子を見取り，「いろいろに進んでみよう」の単元を立ち上げた。

[第2～4時]

　本単元では，「浮く・泳ぐ運動」の「動きのおもしろさ」を単元の軸として学習を進め，この動きのおもしろさを探求することにより，水中で自分の身体を思うように操作できるようになり，また，呼吸をしながら，初歩的な泳ぎができるようになることをねらいとする。そこで，教師が提示したコースで，できるだけ足を着けないで目的地まで行って帰ってくる活動を行うことにした。コースは，プールを横に五つのコースに分け，そこにブイを置き，これを目的地とした（写真④）。

　また，学びでの「気づき」の工夫として，グルーピングの工夫を行った。1グループ4人の10グループ編成とし，泳ぎが得意な子とそうでない子で構成した。本学級は，100m以上泳げる子ども

写真④

が10人いる。その泳ぎが得意な子を各グループに入るようにした。つまり，各班に1人は，水泳が得意な子がいて，その子から，学びでの気づきがより促されるようにした。

活動が始まると，子どもたちは，できるだけ足を着かないでブイを回り，帰ってくることに熱中して取り組んでいた。プールの端をゴールと設定するコースに比べて，ブイを折り返すことは難しく，不自由さを感じていた。何回も繰り返すことにより，水の中でどのように身体を操作すれば，ブイをうまく折り返すことができるのかを模索しているようだった。教師は，子どもの動きをしっかりと見取り，必要に応じて補助具の使用を示唆した（写真⑤）。

写真⑤

授業時数が進むと，いろいろな動きでコースを進む子どもの姿が見られた。け伸びから，両手を下にかいて，顔を上げ，呼吸をして，け伸びの姿勢にもどる動きや，あお向けになってブイを回るなど（写真⑥），自分に合った泳ぎ方を楽しむようになった。また，グループの中で見合いや教え合いなどのかかわりがよく見られた。グループの友だちのおもしろい動きをよく見て，まねてみたり，水の中でうまくバランスがとれていない子の身体を支えてあげたりするなど，子どもたち同士のかかわりから，新しい動きに気づくことができていた。

感想

今日は，目的地の回り方を工夫してみました。はじめ，こしをひねって回ると息つぎができなくて，苦しかったです。でも，手を思いっきりかいて，顔を上げると，息ができて，回れたのでうれしかったです。

今日，A君の泳ぎを見ていると，足をしっかりと動かして，バランスを取っていることが分かりました。ぼくも，まねしてみると，なんとなくだけど，A君みたいに動けるようになりました。

写真⑥

[第5～7時]

　子どもたちは、手のかきと呼吸のリズムが整い、自分に合った泳ぎ方で動きのおもしろさを感じられるようになってくると、新しいコースへの意識が芽生えてきた。特にもぐったり、浮いたりして、動きのおもしろさを感じようとする姿が見られたので、フラフープをコースの途中に置いた。フラフープに付けるおもりを調節し、一つは水面から半分浮き出るフラフープ、もう一つは水中に沈むフラフープを設定した（写真⑦）。

写真⑦

　これまでの味わってきた動きのおもしろさに、フラフープがコースに加わることで、さらに、水の中の不自由さを楽しんでいるように感じられた。もぐろうとすれば、浮いてくる。浮き上がろうとすると沈んでしまう。水の特性である浮力や抵抗をしっかりと感じることができていた。しかし、なかなか思うように身体を操作できないでいる子どもには、その子がどんな動き方をしたいと思っているのかを見取り、その子のお手本となるような子を紹介し、まねてみたり、教えてもらったりすることをすすめた。また、最初に提示した「足を着けないで、目的地まで行って帰ってくる」という共通の目標をもつことで、動きのおもしろさを探求しながらも、初歩的な泳ぎの技能を身に付けることができていた（写真⑧）。

感想
　私は、今日、はじめて足をつかずにフラフープをくぐることができました。手を平泳ぎのようにかくと、顔が上がって呼吸することができました。友だちが私の泳ぎを見ていて、「すごく、上手にくぐれたね。」と言ってくれたので、うれしくて、何回もくり返してフラフープをくぐりました。

写真⑧

　第6・7時になると、これまでグループの中だけで見合ったり教え合ったりしていた活動が、違うグループの動きに関心をもつようになり、いろいろな泳ぎ方でブイを回ったりフラフープをくぐったりする姿が見られた。
　教師は、クラス全員やグループの子が、「いま、必要」としている子を意図的に取り上げ、クラスみんなにその動きを紹介することにより、「自分もそのような動きをして

みたい」「そんな泳ぎ方もあったのか」と気づく子どもがたくさん見られた（写真⑨）。

> **感想**
> 　今日，B君の泳ぎをみんなで見ました。あお向けになって，足と手を動かして，クリオネのような泳ぎ方でした。すごく力がぬけていて，気持ちよさそうに泳いでいたので，ぼくもやってみました。何回かやっていると，できるようになりました。次は，この泳ぎ方で，フラフープをくぐってみたいです。

写真⑨

7．授業を振り返って

　これまでの水泳系の学習では，どうしても技能や泳法が重視され，能力別のグループによって，いまの自分たちに必要な技能を学ぶ活動が多かったのではないだろうか。しかし，学習指導要領の改訂に伴い，「初歩的な泳ぎ」が導入されたことにより，水の中の動きのおもしろさをしっかりと味わいながら，自分なりの泳ぎ方を身に付けることが大切であると考えた。今回の学習では，足を着かないで，目的地まで行って帰ってくる。足を着かなければ，どんな泳ぎ方でもよいし，必要に応じて自分に合った補助具を使ってもよいと共通の目標を設定した。このことにより，子どもたちは，何度も何度も繰り返してコースを回るなかで，水中という不安定な場で動きのおもしろさを感じて，そこから，自分に合った泳ぎ方に気づくことができていた。

　また，水泳の得意な子とそうでない子を同じグループにすることにより，自分で見つけた動きを友だちに紹介したり，自分が求める動きを友だちから見つけたりするなど，友だち同士が肯定的にかかわり合う姿がよく見られた。

　しかし，中学年の「浮く・泳ぐ運動」から高学年で「水泳」の学習になったときに，この動きのおもしろさを保ちながら，どのようにつなげていくのか，今後，6年間を見据えた単元構想を熟考する必要があると考える。

（富田知之）

実践例9 〔高学年①〕

"スゥーいスゥーい進もう"
（クロール・平泳ぎにつなげる学び）

1．探求したい動きのおもしろさ

●水の中をスゥーッと進む感じがおもしろい。

2．動きのおもしろさを「感じる」工夫

①いままでプールで使ってこなかったような道具を使うことで，不自由さを味わったり，その道具をうまく使うことで，泳ぎのおもしろさを味わったりできるようにする。

【具】

②子どもたちの発想を生かし，道具を自由に使いながら，他者との協働により動きのおもしろさを探求できるようにする。【形】【過】

③高学年では「泳ぎ」に対して欲求の高い子どもが多い。そこで，授業の後半には自由に泳ぐ時間をとり，それぞれ自分に見合った運動を探して，泳ぎを探求できるようにする。【過】

3．学びでの「気づき」の工夫

①効率よく進むためのバタ足の"感じ"に気づけるように，竹の棒を使ってばた足で押し合いをする。【具】

②距離や深さの違うフラフープをくぐることで，ストリームライン（効率よく進む姿勢）を"感じる"。【具】

③道具を自由に使い，他者とのかかわりのなかで，効率的に水の中を進む"感じ"に気づけるようにする。【形】

④教室に戻ってきた後，学びの過程をワークシートに振り返り，自身の気づきの意識化を図ると同時に指導評価に生かす。【過】

4．学びを見取るための視点（評価規準）

		無意識・・・・・・・・・（気づき）・・・・・・・・・意識		
	「気づき」／「感じ」	動きのおもしろさへの気づき	動きの出来事への気づき	動きを工夫するための気づき
違和感	身体が不安定な感じ	壁をけって前へ進む感じを楽しんでいる。	スゥーッと進むおもしろさに気づき，安定した姿勢を生み出そうと試している。	短い距離をスゥーッと進むなかで，動きの安定と不安定さの均衡を保とうとして工夫し，おもしろさにふれている。
（感じ）	身体が安定した感じ	スゥーッと進む姿勢が安定しており，その動きをすることを繰り返し楽しんでいる。	より長く水の中を進むために必要な条件を探そうと試みている。	泳げそうな距離を設定し，動きの安定と不安定さの均衡を保とうと工夫し，おもしろさにふれている。
一体感	身体が安定したり，不安定になったりする感じ	スゥーッと「進み続けられるかどうか」という動きのおもしろさを味わっている。	スゥーッと「進み続けられるかどうか」の狭間で，より効率的に泳ぐための条件に気づき，それを生かそうとしている。	課題の困難性を保ちながら技能の向上をめざし，活動を工夫したり協働したりしながら運動のおもしろい世界にふれている。

5．単元の流れと実際

時/分	1・2 →	3・4 →	5・6 →	7・8
15	準備運動・水慣れ（流れるプール・波おこし）			
45 / 60 / 90	いろいろなモノを使ってスゥーッと進む感じを楽しもう		いろいろなモノの使い方を工夫して，スゥーを自分のものにしよう	
			自分に合った課題を設定して，泳ぎを楽しもう	

109

6. 学びのあしあと

　本実践においては，前年度までの習熟度別学習の反省を生かし，水泳学習における多様な他者とのかかわり合いを意識して学習指導を進めることとした。また，自分とは違う技能をもった仲間とかかわり合うなかで自分だけでは気づくことのできない動きの感じやおもしろさを味わうことができるように努めた。

[第1・2時]

　まずは，泳力別ではなく，さまざまな能力をもった仲間でグループを構成し，かかわり合いながら学んでいくことを伝えた。「泳げるのになぜこんなことやるの？」「泳げる人と一緒はこわい」などといった子どもの不満や不安があったのは事実だった。5年間習熟度別で学習してきたのだから当然である。同様に，教師の中にも一抹の不安が存在していた。

　この時間に紹介した道具は，①沈むフラフープ，②浮くフラフープ，③ビニールテープで色分けした竹の棒の3種類であった。それぞれ「ストリームライン」「スタートの強さ」「ばた足の力強さ」に気づけるように準備した。

　最初に，沈むフラフープを使って水の中をスゥーッと進む感じを探求した。1グループに三つのフラフープを渡し，壁から離れたところに間隔をあけて三つ並べる。け伸びだけで何本のフラフープをくぐることができるかを思い思いに楽しんでいた。そのなかで，「壁をけってスタート」することの重要性，「一度もぐってからスタート」したほうがいいということに子どもたち自身で気づいていった。無意識にそれができている子もいれば，遠くまで進んでいる子を見てまねをする子もいる。まさに多様な他者とのかかわり合いである。

　当初，「泳げるのになぜ…？」と不満をもらしていた子どもは，「フラフープを支えてあげた。そうしたら，けっこうみんないけるようになったよ。またやりたい」と，自分の能力が上がることよりも仲間と協力して学ぶことに喜びを感じていた。また，「こわい……」と不安を口にしていた子どもは，「フラフープを持ってくれる人が進んでやってくれた。私も進んでできた。進んでできたってことは，お互いのことを信じているということかなって思いました」と，この日の活動を振り返ってい

110

た。また，ある子どもは，「フラフープをくぐるのに，最初は奥まで行けなかったけど，みんながアドバイスをしてくれたから少しうまくなったかなって思った。みんながいなかったら成長できてないなって思った」と，他者とのかかわり合いのなかで信頼関係に気づき，成長を実感し，感謝していた。

前年度までの泳力別水泳学習であったら技能の向上は見られても，このような人格的成長は見られなかったように思う。不安や戸惑いといったマイナス要因はあったが，この第1・2時の学習を通して成果があったことは事実である。「次はあの道具を使いたい！」と意気込んでいる子どももいた。一方，「やっぱり泳ぎたい！」という子どももいた。

[第3・4時]

前時で好評だった沈むフラフープによる活動を少し行った後，浮くフラフープを使って水中で長い距離を移動する方法を探求した。壁から少し離れたところに色違いのフラフープを浮かべ，そこを目標に潜水から上昇していく。より効率よくスゥーッと進むことを子どもたち自身で考えていた。前時同様，仲間の動きをもぐって観察したり，陸上から見学・アドバイスをしたりと，グループの中でかかわり合いながら学んでいた。自分に合った色（距離）のフラフープを選び，声をかけ合いながら何度も何度も挑戦していた。役割を進んで交代するなど仲間への配慮もうかがえた。仲間との信頼関係が深まってくるのと比例して動きへの"気づき"が出てきた。「壁をけらないで進むのは難しかった」という子どもは，壁をけることの重要性に気づいたうえで，壁をけらない場合は，「ジャンプして高い所から低い所へ進むようにしたら遠くまでいけた」と，一度跳び上がってからあごを引き，ストリームラインをつくることの重要性に気づいていた。「バシャンってしないでスゥーッと泳ぐと遠くまでいけると思う」と振り返っている子どももいた。水の抵抗を少なくし，効率よく進む方法に多くの子が気づいた授業であった。

[第5・6時]

これまでは水の中を効率よくスゥーッと進む感じに気づくことを中心に活動してきた。そこで，本時は「泳ぐ」ことにつなげる活動を設定した。

ばた足と呼吸の動きの感じをつかむために，竹の棒をばた足で押し合う「ばた足相

撲」である。ビニールテープを巻いた竹の棒を2人組で押し合うものだ。2人組で行うことでかかわり合いの必然性が生じる。陸上で応援している同じグループの仲間たちも含めて、どうにかして自分たちのグループが優勢になるように一生懸命話し合う姿が見られた。竹の棒のよい点は、押した・押されたが明確なこと。そして、浮力が小さいため力を入れすぎると沈んでしまうこと。これらのことから、子どもたちは「いいばた足の仕方を教えてもらった」や「息を合わせて押すようにばた足をすることが大事」「水中では力まないほうがよい」といったことに気づいていった。

　この日の後半は、「（長い距離を）泳ぎたい！」という子どもたちの要望に応え、距離を自分なりに設定し、自由練習時間をとった。「いつの間にか泳げるようになっていた」という自分の成長への気づきや、「25mに9回も挑戦した」という自己への挑戦、「友だちと競うことが楽しかった」という仲間と競争することの楽しさ、「声をかけ合って、いろいろな泳ぎ方に挑戦した」というかかわり合いながら学ぶ姿も見られた。これらの学びは、単元前半部で行った「スゥーッと進む感じを楽しむ」活動や波おこし・流れるプールなどで教師側がねらった「かかわり合いによる成長体験」からあらわれたものだと感じている。

　「フラフープや竹の棒」に「かかわる仲間」と「自分」。この三者がうまく調和し、深い学び合いの水泳学習になっていた。

　自由練習のなかで生まれたのが、フラフープを使ってのシンクロ。女子たちが声をかけ合って、きれいな「花（子どもの言葉）」をつくっている。ここには、共に歩く・泳ぎだす・スピードを合わせる・姿勢をそろえる……などの「かかわり合い」が生じていた。

「みんなで回ろう！スピードを合わせてね！」

[第7・8時]

　水泳学習のまとめの時間となった。この日は、これまでの学習を生かして、自分で道具を選び、またその使い方も考え、まとめとなる自由練習の時間を多くとった。いままでのグループは解散し、同じ道具と使い方を選んだ者同士の新しいコミュニティとなった。しかし、これまでの学習が生きており、他の学級の子どもともすんなりとかかわり合いながら学習を始めていた。沈んだフラフープくぐりでは、もぐって真剣に水中の動きを観察していたり、手をかくことによってより距離が伸びることに気づき、その喜びを感じていたりと、効率よくスゥーッと進む方法を探求する姿が見られ

た。浮くフラフープでは，仲間を増やしたり形を変えたりして花づくりをしていた。「誰かと何かに挑戦して達成すると，すごくうれしくて楽しいことがわかった」とそのなかの一人が振り返っていた。ある子どもは25mを何度も泳ぎ，そのなかで，「力まずに心を落ち着かせて泳げばうまく泳げる」ことを実感していた。楽しいかかわり合いのなかから生まれた気づきによって，水泳の技能向上も果たしていた。

> みんなで何かをつくるのって難しいけど楽しい!! きれいでしょ？ 花

7. 授業を振り返って

　教師側の不安は，「いままでこのような授業を行ったことがないから」というよりは，「子どもの欲求に応えてあげられないのでは」というところにあった。

　しかし，子どもたちは，自分たちで動き，考え，気づき，感じていた。教師以上に早く，動きの感じや気づきを大切にする学びに適応していた。それと同時に，教師側の不安も消えていった。心と体を同時に育む学び合いが生まれたことに教師としての喜びを感じることができた。

　課題は，かかわり合いのなかで生まれる子どもの欲求に専門性高く応じることだ。「もう少しで25m泳げるのに……」という子どものつぶやきに，「感じ」や「気づき」を大切にしたアドバイスとはどうあるべきかを探求していきたい。

（井川　明・梅澤秋久）

実践例10　〔高学年②〕

"「グー」とかいて,「スー」と進もう"
（クロール・平泳ぎ）

１．探求したい動きのおもしろさ

- 水を「グー」と手でかいたり,足でけったりすることがおもしろい。
- 水面や水中を「スー」と進むことがおもしろい。

２．動きのおもしろさを「感じる」工夫

①水を「グー」と手でかいたり,足でけったりするおもしろさを感じられるようにするためには,水（外力）を自然に感じることができるような運動（水流を起こし身を委ねる,水流に逆らう,もぐる,浮く,陸上での一般的な動きをまねる,等）をしっかり行うことが大切である。同時に,それらの動きに対して水からどのような感じを受けたかを問いかけることも大切にしたい。【過】【声】

②水面や水中を「スー」と進むおもしろさを感じられるようにするためには,①で示した工夫を土台に,まず,水に浮いたり沈んだりする運動や遊びをしっかり行い,水を感じ,水に体を委ねられるような状態へと意識と体を準備しておくことが大切である。【過】

３．学びでの「気づき」の工夫

①オノマトペによる「感じ」の表現
　動きに対して水から受ける感じをオノマトペで表現し共有化していく。【声】
②水（外力）を感じやすくするための補助具の活用
　パドルやフィン,身の回りの生活用品等を活用し,水を感じやすくする。【具】
③「対比（ちがい）」による「感じ」や「気づき」の深化・共有化
　「感じ」や「気づき」を深化・共有化したい動きを焦点化し,対比する。【過】

4. 学びを見取るための視点（評価規準）

		無意識・・・・・・・・・（気づき）・・・・・・・・・意識		
		「気づき」「感じ」	水（外力）に体を委ねるおもしろさへの気づき	水（外力）を感じながら動くおもしろさへの気づき	水（外力）を生かして進むおもしろさへの気づき
違和感 ↓ （感じ） ↓ 一体感	自らの動き（内力）と水（外力）とのバランスが保てない感じ	水中で身体を思うように操作できたりできなかったりすることを楽しんでいる。	動きを変化させながら水（外力）を感じようとしている。	動きの速さや大きさと進みぐあいの関係を感じようとしている。
	自らの動き（内力）と水（外力）とのバランスをさぐる感じ	リラックスした動きによって感じる水の外力を楽しんでいる。	動きを対比しながら、水の外力のちがいをさぐっている。	動きを対比しながら、進みぐあいをさぐっている。
	自らの動き（内力）と水（外力）とのバランスを調整する感じ	自らの動きの変化と水から受ける外力の変化を楽しんでいる。	水の外力を生かしたいろいろな動きを楽しんでいる。	水の外力を生かし、効率的に進むことを楽しんでいる。

5. 単元の流れと実際

時	学習のテーマ	0 ──────────→ 45分
1	浮いてみよう・沈んでみよう	体ほぐしの運動で水（外力）を感じる / 学習のテーマを共有する / 「感じ」をさぐる活動 / 意見交流（「感じ」）の共有化 ① / 「感じ」をひろげ、深める活動 / 意見交流（「感じ」）の共有化 ② / 「感じ」を確かめる活動
2	「グー」とかいてみよう・「スー」と進んでみよう	
3・4	「グー」とかいて「スー」と進む泳ぎを考えよう	
5〜10	クロールと平泳ぎで「グー」とかいて「スー」と進もう	

6. 学びのあしあと

[第1時] 浮いてみよう・沈んでみよう

はじめに，単元全体を通してのテーマ"「グー」とかいて，「スー」と進もう"を提示し，「グー」や「スー」の意味や言葉から連想することについて考えた。「グー」について，水を手のひらで引き寄せる動作や水中で手を左右に動かす動作で説明しようとする子

ども,「スー」を「滑るように」「ころがるように」と表現する子や,「スルスルスルー」「シャー」というオノマトペで表現する子どもなど,さまざまであった。

「高学年の水泳の授業では,クロールと平泳ぎの練習をする」という強いイメージをもっている子どもたちが,「グー」や「スー」という水(外力)とつながりの深い言葉の意味や,そこから連想するイメージをひろげておくことによって,その後学習していく動き方・泳ぎ方と水から受ける感じ(外力)を結びつけて考えられるようになる。実際,その後の子どもたちは「～のようにすれば,グーと水をかけた(かけなかった)」「～したら,スーと進んだ(進まなかった)」というような表現をよく用いていた。

次に,「"グーとかいて,スーと進もう"というテーマを達成するためには,まずどんなことからすればいいのかな?」と子どもたちに問いかけたところ,各種泳法の練習方法についての意見がいろいろ出されるのと同時に,「しっかり浮けること(沈めること)」「自分の動きや姿勢について知ること,感じること」などの意見も出された。私自身,単元の導入段階では「水(外力)をしっかり感じられるようにしたい」「水に安心して体を委ねられるようにしたい」と考えていたので,まず「浮いてみよう・沈んでみよう」というテーマを提示した。

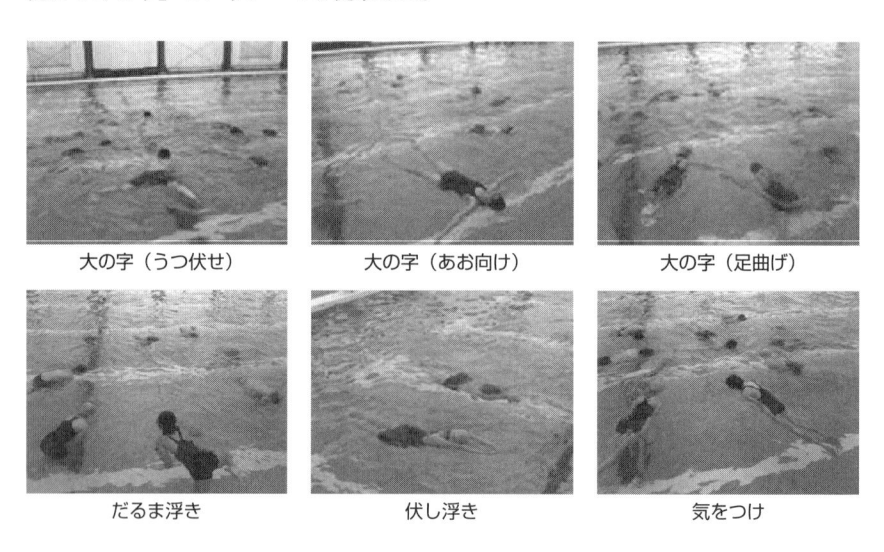

大の字(うつ伏せ)	大の字(あお向け)	大の字(足曲げ)
だるま浮き	伏し浮き	気をつけ

例に示した浮き方をいろいろ試すことと同時に,その姿勢で沈めるかどうかにも挑戦してみた。体全体を一定時間水中に沈めておくことはとても難しく,浮くこと以上

に沈むことのほうが難しいと感じている子がほとんどであった。なかには，呼吸の仕方と沈みやすさの関係に気がつき，全体に説明しようとする子もいた。

[第2時]「グー」とかいてみよう・「スー」と進んでみよう

第1時の「浮いてみよう・沈んでみよう」の学習によって，水に体を委ねることや，水（外力）を感じながら浮いたり沈んだり進んだりすることへの意識が高まっていたので，水（外力）を感じやすくするための補助具を活用し，自らの動きと水から受ける感じのつながりにさらに気づくことができるようにした。

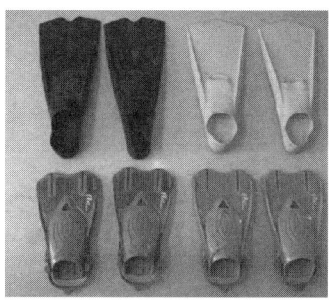

「グー」と手でかいたり，足でけったりする感じをつかみやすくする補助具

子どもたちは，目新しい補助具が使えることに興味を示すことはもちろん，それによってふだん感じることができないほどの「グー」という水の抵抗，「スー」と水面を滑るような感じを味わい，興奮していた。「スー」の感じを「自分がモーターボートになって進んでいるような感じ」「カエルとかアメンボになったような気がする」など，自分なりに表現していた。また，パドルや鍋のふたを使って水をかいたり，フィンを使って水をけったりした子のなかには，「グー」と水をかくとき抵抗が強すぎて，「思うように手を動かせない。水の力に負ける」「すごいスピードで進むけど，足がつりそうになる。足の指とか足の裏がピーンとなりそうでびっくりした」など，自らの動きと水（外力）とのバランスが保てていない状態にも気づいていた。

[第3・4時]「グー」とかいて「スー」と進む泳ぎを考えよう

このときすでに，自らの動きと水（外力）をつなげて考えることは自然にできるようになっていたので，「グーとかいてスーと進む泳ぎを考えよう」という本時のテーマを提示し，いろいろな泳ぎ方を考えることとした。子どもたちはすでに知っているクロールや平泳ぎ，背泳ぎ，バタフライを試したり，ばた足平泳ぎやドルフィンキック平泳ぎ，クロールで息継ぎをするときに一回転する泳ぎ方，あお向けでかえる足と

体側の手のかきを組み合わせた泳ぎ方（エレメンタリーバックストローク系）なども考え出したりしていた。

　はじめの段階では自らの動きに意識が集中しすぎて，水（外力）をあまり感じていなかったり，「グーとかいてスーと進む泳ぎを考えよう」という本時のテーマと逸れてしまったりしている子もいたので，意見交流①の段階で，「いま，みんなが考えている泳ぎ方は，今日の学習のテーマに合っている？」「グーとかいてスーと進んでいる？」と問いかけた。

[第5～10時] クロールと平泳ぎで「グー」とかいて「スー」と進もう

　単元後半のこの段階では，「クロールと平泳ぎでグーとかいてスーと進もう」というテーマを提示し，クロールと平泳ぎでそれぞれの動きと進みぐあいをさぐることとした。第3・4時において，「グー」とかいて「スー」と進む泳ぎ方をいろいろ考えたことに加え，ふだんからよく行っているクロールや平泳ぎにおいても，自らの動き方によっては，「グー」と水をかけたりかけなかったり，「スー」と進んだり進まなかったりするということに気づき，そのことをある程度意識していたので，このテーマに子どもたちは課題意識をもちやすかった。

　また，この段階では活動や意見交流の視点を絞ったほうが，「感じ」や「気づき」を深めたり共有化したりしやすいと考えたので，動きを焦点化し，対比することとした。

例①：クロールで「グー」と水をかく動きの学習における対比
- 手のひらの指をつける　⇔　手のひらの指を開く
- 親指側から入水　⇔　小指側から入水
- 頭の先あたりに入水　⇔　肩の先あたりに入水
- 身体の下の水をかく　⇔　身体の外側の水をかく
- 水をかく腕と反対の腕を伸ばす　⇔　水をかく腕と反対の腕を曲げる

例②：平泳ぎで「スー」と進む動きの学習における対比
- 「スー」と伸びる時間長め　⇔　「スー」と伸びる時間短め
- かえる足（うつ伏せ）　⇔　あおり足（うつ伏せ）
- かえる足（あお向け）　⇔　あおり足（あお向け）

7．授業を振り返って

　本単元のテーマ"「グー」とかいて，「スー」と進もう"には，水（外力）を感じながら動いたり泳いだりする必然性が含まれている。そのことによって，子どもたちは自らの動き方や泳ぎ方だけに意識を向けるのではなく，自らが動いたり泳いだりした結果，水からどんな感じ（外力）が得られるのか，また，いま感じている水（外力）に対して，どのように動いたり泳いだりすることで，体のバランスが保てるのか保てないのか，効率的に進むのか進まないのかなど，常に自らの動き（内力）と水（外力）との関係をさぐっていた。このことは，子どもたちがこれから水泳に親しんでいくうえで大切な視点となると考える。

　課題としては，特に第5時以降，どのような動きに焦点を当てて対比したり，どのような補助具や場で学習したりすることが，クロールや平泳ぎの動き方や意味の生成につながりやすいのかなどがあり，今後も検討を続けていく必要性を感じている。

（津田浩史）

実践例11 〔中学校〕

"楽に泳ぐことを見つけよう"
（複数の泳法で泳ぐこと）

1．探求したい動きのおもしろさ

- 水の抵抗と推進力を意識しながら，泳ぐことがおもしろい。
- 思いどおりに泳ぐことができるかどうかを試すことがおもしろい。

2．動きのおもしろさを「感じる」工夫

　水中では陸上とは異なる動きの制約があり，どの程度思いどおりに体を動かすことができるのかということに関心をもたせる。そこで，抵抗を軽減させるために必要なストリームラインと，効率のよい推進力を習得することによって，自分の体が楽に進むことを感じさせたい。さらに，さまざまな課題を設定し，自分にとって楽な泳ぎ方を考えながら試していくことで，各泳法とのつながりを見つけ，その特徴を確認させる。【過】【評】【声】

3．学びでの「気づき」の工夫

① ストリームラインを認識するために，基本となる「け伸び」で距離を伸ばすことを目標として繰り返し試す。【過】【評】
② 効率のよい推進力を認識するために，ビート板を使用してキックやプルによる進みぐあいを検討する。【過】【具】
③ 状況に適した泳ぎを発見するために，顔を上げたり，道具を使用したりと複数の課題を設定して試してみる。【形】【具】
④ 自由な発想から得た実践成果を仲間と共有したり検討したりするために，グループでかかわり合う。【形】【評】【声】
⑤ 発見したことやわかったことを自分の中で再確認するために，学習カードに記述する。【評】【マ】

4．学びを見取るための視点（評価規準）

	無意識・・・・・・・・・(気づき)・・・・・・・・・意識			
	「気づき」「感じ」	動きのおもしろさへの気づき	動きの出来事への気づき	動きを工夫するための気づき
違和感	泳ぎ進むことが不安定な感じ	「け伸び」で前へ進む感じを楽しむ。	「け伸び」で距離を伸ばすために，ストリームラインをつくろうとする。	「け伸び」の姿勢を変えても，ストリームラインをつくることができるか試そうとする。
（感じ）	泳ぎ進むことが安定した感じ	さまざまなプルやキックを試しながら前へ進むことを楽しむ。	ストリームラインを維持してキックやプルにつなげて前へ進むことを楽しむ。	自由に課題を設定し，それに適した泳ぎ方を見つけようとする。
一体感	泳ぎ進むことが楽にできる感じ	推進力をつけて，泳ぎ進むことを楽しむ。	ストリームラインや推進力を意識しながら前へ進むことを楽しむ。	課題に適した泳ぎを自身の泳力と照らし合わせながら選んで，泳ぐことを楽しむ。

5．単元の流れと実際

時数	目　標	活動内容
1～4	水の中の抵抗を感じながら推進力を生かして泳ぐことを楽しむ	①け伸びで，ストリームラインをつくろう。 ②平泳ぎとクロールの違いを見つけよう。
5～8	さまざまな課題に対して，自分に合った泳ぎ方を探して楽しむ	①水泳の起源を探ろう。 ②着衣で長く泳ごう。速く泳ごう。 ③自分で課題を設定し，楽な泳ぎ方を見つけよう。

6．学びのあしあと

[第1・2時]

　水中を楽に進むためには，できるだけ抵抗を受けないようにすることが必要となる。そこで，水中での抵抗には「造波抵抗」「摩擦抵抗」「形状抵抗」があること，「造波抵抗」を減らすために効果的な体のラインはストリームラインであることを示し，イメージをもたせた（次ページ図1）。ストリームラインをつくるために，基本的な動きである「け伸びの距離を伸ばす」という課題を設定して挑戦させた。うまくストリームラインをつくることができれば，泳力に関係なく距離を伸ばすことができるため，生徒は互いに距離を競いながら取り組む姿が見られた。

生徒からは「きれいに伸びたときのスーと進む感覚は楽しいなと思った」「泳ぐ前に，深くもぐったほうが長く進むことができるか議論が起こり，検証すると，深くもぐると5mを超えることができ，深いほうがいいと思いました。耳をつけると抵抗が少ないと感じました」といったように，思い思いに挑戦した記述が見られ，抵抗を意識して進む感覚を楽しんでいる様子がうかがえた。

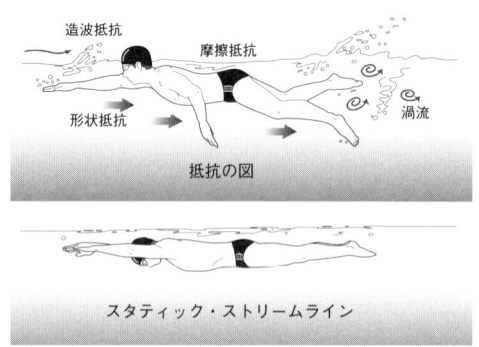

図1　抵抗とストリームライン（吉村・小菅，2008）

[第3・4時]

楽に進むためには，推進力も必要であるが，ほとんどの生徒が最も推進力が出る泳法はクロールであると思っている。さらに，クロールは手や足を速く動かす泳法であり，疲れるというイメージももっている。そこで，そのような生徒の素朴な固定概念を崩すために，以下の課題を与えて試させた。

課題①：平泳ぎとクロールの違いは何か。

課題②：クロールでの6ビートキックと2ビートキックの違いは何か。

ある生徒は，「クロールのほうが速く泳げるが，泳いでいて楽なのは平泳ぎ。でも，クロールもキックを少なくすれば楽に泳ぐことができる」と，キック数を変えると泳ぐ感じが変わることを実感していた。また，「海峡などを泳ぐとき，クロールをつかうと聞いたが，流れのあるときは動きがしっかりしているクロール，流れのないプールでは動きの少ない平泳ぎのほうが疲れない気がした」というような状況をイメージして比較した生徒も見られた。

慣れない2ビートキックで泳ぐことに着目した生徒は，「2ビートは少し難しかった。はじめ慣れるまでなかなか2回というのができなかったけれど，タンタンというリズムでできるようになった。うまく泳げれば，平泳ぎよりも2ビートのほうが楽かもしれない」「ふだんバタバタせわしく泳いでいるのとそれほど（スピードが）変わらなかったのでなんだか損した気分。ストリームラインを保つ時間が長いからクロールのほうが速かったのかもしれない」といったように，これまでの「クロールは疲れる泳法である」というイメージに変化を与えることができたようであった。

[第5・6時]

　ここでは泳法にこだわらずに,「泳ぐ」ということに対して自由な発想を,仲間と検討し合いながら引き起こすことをめざし,二つの課題を設定した。また学習の場は,通常のコースロープを張った状態ではなく,プール全体を8等分の長方形のスペースに区切り,仲間と互いの動きを見比べて検討しやすいようにした。

写真1　グループごとに自由に動くことができる場を設定(プールを十字に仕切る)

　課題①:水泳の始まりは,どのような泳ぎ(動き)だったのだろうか。

　紀元前9世紀アッシリアの装飾浮き彫りに,皮袋を抱えて泳いで渡河する兵士が描かれており,これをヒントに「兵士が敵の攻撃を避け,急いで河を渡るにはどのように泳いでいたのだろうか」という問いを投げかけた。生徒には,皮袋の代わりにペットボトル1本を持たせた。生徒たちは,グループで思い思いの泳ぎ方を検討し合いながら試していたが,以下のような発想が見られた。

　「あお向けに,首のところにペットボトルを置いて背泳ぎをすると楽に泳げた。頭はとても重くて重要なものがたくさんあり,口や耳や鼻などの穴がたくさんあるため最優先で沈まないようにするべきだ」「ペットボトルを水着のおなかの中に入れて顔を上げ,平泳ぎ。ペットボトルを顔の下に入れてもよい」「片手にペットボトルを持ち,横向きに近い状況で立ち泳ぎとも平泳ぎともいえない足の使い方で,手はクロールの弱いかき方みたいな水しぶきが立たない使い方をする」

　課題②:着衣泳は本当に平泳ぎが最適なのだろうか。

　今回は,学校ジャージの上着のみを着用させて泳がせた。着衣泳はすでに小学校時代に経験しているが,さらにこれまでに学んだ抵抗を考えながら発想することを楽しみ,次のような記述を見ることができた。

　「服の背中に空気を入れると息も吸

写真2　「服を着ていると,こんなこともできるよ」

えてよかった」「クロールだと，水中から外に手を出したりするのは重くて大変だった」「手を動かすのは大変なので，足でいっぱい進めるドルフィンキックがすごく進んだ」

[第7・8時]

最後はこれまでの活動を振り返りながら，自分の試してみたいことを自由に行った。以下のように，思い思いの課題をもちながら仲間と検討し，自分なりの結論を導き出していた。

生徒Aの課題「いままでのなかで得意なものを探す」
・いままでやっていなかったけどドルフィンキックが一番得意だとわかった。服を着ていても着ていなくても自分で波をつくれるからだと思った。

生徒Bの課題「平泳ぎ，クロールの抵抗を考えて泳ぐ」
・平泳ぎは息継ぎをするときに早くすると抵抗が少なくなった。クロールは以前やったものをパワーアップさせて手の指をそろえると，よく水がかけた。クロールと平泳ぎのコツがわかってよかった。

生徒Cの課題「体力が保てるようなストリームラインを意識しよう」
・平泳ぎでストリームラインを意識して行った。体力を保つことができるということがポイントだったが，かえる足，伸びのタイミングと足の角度，手の形，顔の向きなどを意識して伸びの時間を長くして泳いだ。いままでの学習が生かされてよくできたと思う。

7．授業を振り返って

　この授業では，生徒に，タイムや距離を向上させるには教科書に記載されているような模範的な泳法をまねることが重要であるというイメージを取り除きたかった。クロールや平泳ぎにはいろいろな泳ぎ方があり，その個人に適した泳ぎ方を採り入れることが一番大切だからである。「泳ぐ」とはどういうことなのかという根本となるイメージを，自分の体の扱い方を能動的に感じ，科学的な根拠を加えながら考えていくことで，「自分の泳ぎ」にこだわるようになってほしいという願いがあった。この願いは，生徒の次の感想からも多少なりとも達成できたのではないかという手ごたえを感じている。「ただ泳ぐだけでなく目標や課題を見つけて泳ぐと意識が高まった」「水泳は意外と奥が深いなと思った。ストリームラインや伸びなど，いろいろと意識すると速く楽に泳げた」

　次年度には，この発展として「自分らしく泳ぐ」ことを中心に，距離や時間に挑戦

する学びを保障していきたい。　　　　　　　　　　　　　　　　　　　　　（上野佳代）

〈参考文献〉
吉村豊・小菅達男（2008）『泳ぐことの科学』NHK出版

ちょっと一息

野外教育における「水泳」

　「海や川で泳ぐ！」。野外教育において，学校などのプールで行われる「水泳」との大きな違いはここにあるといえるでしょう。すなわち，人工的につくられた水泳場（プール）ではなくて，地球によってつくられた，海，川，湖などの自然そのもののプールで泳ぐことになるからです。このような，大自然の中で行われる水泳は，学校教育においては臨海学校での遠泳などがあげられます。これは，学校で行っている水泳の授業を「海」という自然の場において実施するものです。しかし，海で泳ぐことは，学校のプールで泳ぐのでは得られない何かしらのプラスアルファがあると思われます。それは何でしょうか？

　海で泳ぐということは，「海」という本物の自然を肌で感じることになる"直接体験"の活動にほかなりません。そこでは，ただ「泳ぐ」という行為だけでなく，「海のほうが体が浮く！」「海水は塩辛い！」「潮の満ち引き」などといった海という自然のもつ神秘，美しさ，おもしろさ，特徴などを認識し，そして具体的な理解へと通じていくことになります。このことは，「川」や「湖」でも同じことがいえるでしょう。このように，野外教育では直接体験による学びがその基本方法となります。したがってこの点から見れば，自然の中で行われる「水泳」は，単に「泳ぐ」という行為よりも，その泳ぐことによって得られる，海，川，湖などの自然を心と体で感じて気づき，さらにその認識を通して自分自身の内面と向き合う機会を創出することを大切にします（当然，「遠泳」では「泳ぐ」活動も大切になりますが…）。これは，学校などの人工的につくられたプールで泳ぐのでは成しがたいプロセスとなります。

　レイチェル・カーソンは，その著書『センス・オブ・ワンダー』（1965年）の中で次のように述べています。

> わたしは，子どもにとっても，どのようにして子どもを教育すべきか頭をなやませている親にとっても，「知る」ことは「感じる」ことの半分も重要ではないと固く信じています。

　このカーソンの言葉を借りれば，野外教育から考える「水泳」は，「泳ぐ」方法を知ることも大切ですが，それ以上に，泳ぐことを通して自然と自分，そして活動を共にする仲間（友だち）を"感じる"ことを重視する活動となるでしょう。
　　　　　　　　　　　　　　　　　　　　　　　　　　　　　　　　（小森伸一）

ちょっと一息

「水慣れ」は命を守る大切な学習活動

　学校管理下における水の事故死の内訳は，任意の5年間をとってみると，心臓死が約53％，溺死が約39％です。この傾向は，他の期間においてもさほど大きな変化はありません。学校では，基本的に心臓に問題を抱える児童は保護者からの申し出により水泳を行わせません。その意味で統計が示す健康な心臓をもつ子どもたちに残念な結果が毎年のようにもたらされている事実に目をやり，教師はその原因の払拭に努めなくてはならないでしょう。

　そこで，水の特性が身体へ及ぼす影響，特に水に入ることによって起こる潜水徐脈を取り上げ，事故回避のヒントを探ってみましょう。アザラシ等の水生動物では，陸上で休んでいるときの心拍数はおよそ100拍／分（以下，bpm）ですが，水中に入ると20～30bpmとなります。さらに，深くもぐっているときには5～10bpmとなって，相応の活動を行っているのです。

　人の場合，肩の部位まで水に入ると約1ｔの水圧が身体に加わり，そのうえ水の熱の伝導率が空気に比べて約25倍であるため水の冷感刺激が加わります。そして長い間水泳等の活動を行ってきた者では，安静時に65bpmであった心拍数が45bpm程度まで徐脈します。さらに，水中にもぐることによって息を止めることになり，加えて体位の横臥姿勢によって血液の還流が緩徐となって，心拍数が35bpm程度に徐脈されるのです。こうした徐脈現象は，いわゆるその個体の置かれた環境への適応状態を示すものであり，水の特性がもたらす身体への影響に適応していることを意味しています。

　しかしながら，日常的に水泳を行っていない者を対象にして，全身を水に入れるまでの心拍数の変化を調査した結果，肩まで入水することによって受ける水圧や冷感刺激にもかかわらず，顕著な心拍数の変化は見られなかったのです。例えば，安静時心拍数が65bpm程度の者は，60～62bpm程度の徐脈しか見られませんでした。また，水中にもぐることによって止息する影響や体位が横臥の姿勢になった際にも58～60bpm程度の徐脈で，さほど大きく現れなかったのでした。

　このことは，多くの潜水にかかわる生理学実験の報告とほぼ同様の結果でありました。気をつけなければならないのは，疲労，精神状態，飲酒によってあたかも閾値を超えたかのように急激な反応を示し心拍数の減少をもたらす現象を忘れてはならないことです。心臓まひは，健康な心臓でももたらされる極度の適応現象であるという事実で，特に精神状態の変化によって引き起こされる徐脈現象はアザラシの調査によっても明らかにされています。

　したがって，水泳学習の「水慣れ」は，命を守る大切な学習活動でもあり，決して避けて通れない準備運動なのです。

（編者）

第4章

授業づくりのポイント

1 体験としての「水泳」の学び

(1) はじめに

「体験」とは何でしょうか。そして，ヒトが泳ぐという行為をある種の「体験活動」とみるとき，そこから導かれる指導や学びのあり方や考えはどのようなものとなるでしょうか。

体験活動とは，ある事物や事象について自分の身体を通してかかわっていく活動です。戦後の学習指導要領の改訂のたびごとにその重要性が言及され，拡大されてきた経緯があります。その体験活動には，主に以下の三種類があるとされます（文部科学省，2008）。

①直接体験：自分自身が対象となる実物に実際にかかわる。
②間接体験：写真，テレビ，書籍などの媒体を介して感覚的にかかわる。
③疑似体験：模型やシミュレーションなどを通してかかわる。

これらのなかでも，近年の子どもたちにおける直接体験の不足が問題視されています。その欠落が，子どもたちの心身の健全な発達への歪みに起因しているとされているからです。このような社会背景を受けて，平成23（2011）年に小学校から施行（中学校は平成24年に施行）された改訂学習指導要領では，いっそうの直接体験とそれによる「体験学習」の充実が示されているのです。

体験学習は，「learning by doing」といわれるような実際の活動を通した学びのことです。いいかえれば，体験学習は六感（視・聴・嗅・味・触・直覚）をともなう直接体験にもとづく学びのプロセスともいえます。その大きな特性は，ある事物や事象について全身で直接かかわり体感することで，より多くの感覚を通じて，その事物・事象についてのより具体的知識を得て，より深い理解に通じていくことにあります。そして，関連した何らかの実行動につながっていくことにもあるといえるでしょう。

なぜならば，直接体験のなかで自分が対面する事物・事象に対して，より多くの感覚を働かせてかかわることになります。そして，それによって，多面的，総合的にその対象についてのより強い心象-感動を得て，より深いかかわりから導かれる理解につながっていくからです。このような強い心象と深い理解は，理解した事柄についての何らかのより強い感情，興味・関心，思考などを導き，そして動機を生み，さらにそれにかかわる積極的な行動へとつながる大きな可能性をもちます。例えば，「海は大きくて美しい！」といった感情や想いにもとづく「感動-心の動き」は，海にかかわる次なる展開となる「海に入って泳いでみよう」などの強い興味・関心や高い動機づけを促すことになるでしょう。そして，実際に海に入ってみるという次なる思考や行動などへの進展は想像にかたくありません。

(2)「水泳」によって体験して学ぶことは何か

　水泳の授業を上記三種の体験活動の点からみれば，いうまでもなく，それは「泳ぐ」という行為の「直接体験」活動と考えられます。そして，水泳をそのような体験活動としてみるとき，本書の主旨である身体の動きの「感じ」と「気づき」に着目する学びのプロセスに通じるものでもあります。それでは，直接体験活動としての水泳は，六感を通して何を体験し，そのなかで何を感じて気づき，どのような学びへと展開されているのでしょうか。

　それは，身体が水にふれる，または泳ぐ自分を中心に考えた場合，主として「水」「他者（友だち・先生）」「自分自身」の三要素とのかかわりが考えられるでしょう（次ページ図4-1）。「水」は，水泳を行ううえでの活動環境としてなくてはならないものです。水にふれたときの感覚，匂い，音，色などについて「感じ」て「気づく」ことができます。また，身体全体で水を感じることは，日常で慣れ親しんでいる飲料水の水とはまた違ったかかわりとなり，その飲料水とプールの水との違い，水の種類や私たち人間にとっての水の意味をあらためて考える機会とすることができます。水泳の授業は主に人工的な環境であるプールで行われるものですが，自然体験活動として行われる臨海学校などにお

ける遠泳（水泳）ということでみれば，プールの水とは違った海水，湖水，川の水とのかかわりとなります。したがって，そこでの「感じ」と「気づき」の視点とその学びは，環境教育や他教科とのかかわりを含めてさらに広がりと深まりをもつ場となるでしょう。

　次に，水泳の授業は決して一人で行われるのではなく，先生も交えた複数人以上の仲間と一緒に実践されるものです。その点から考えるとき，「他者（友だち・先生）」とのかかわりが浮かび上がってきます。水にふれながら，友だちと協力しながら行う遊びやゲーム活動などを実施することで，お互いのコミュニケーションを図り，グループやクラスのチームワークを高めることに通じていきます。水中だからこそ難しいこと，反対に簡単にできることなどさまざまな身体の動きや協力が必要な内容とすることで，友だちへの「感じ」と「気づき」を深めることになるでしょう。また，子ども同士だけでなく，子どもと先生という関係についても同様に考えられると思います。子どもたちにとっての水泳での授業の先生は，陸上で行う体育の先生とはまた違った「感じ」と「気づき」がもたらされると考えられます。

　さらに，前記したように実際に泳いだり，じかに水にふれたり，友だちと一緒に水の中で活動したりすることで，自分でいろいろなことを感じて発見し，さまざまな思いをめぐらすことにつながります。そして，そのような体験によって，自らの身体や心の動きに目を向けていくという「自分自身」とのかかわりの視点も指摘できます。例えば，一人で水に浮くときや水中にもぐったときの身体の動きや感覚，また友だちと水中で協力・連動するときの

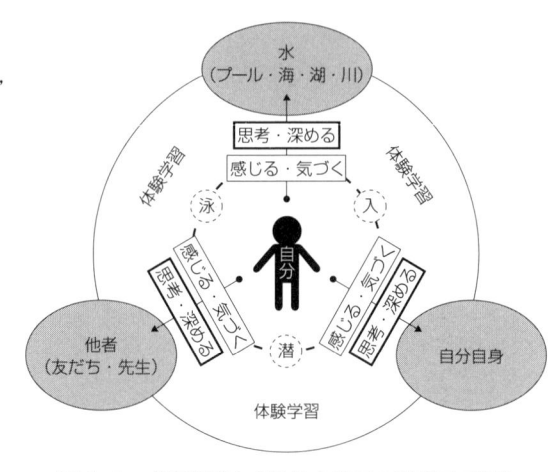

図4-1　体験学習からみる水泳での学びの三要素

動きや感覚への「感じ」「気づき」「おもしろさ」およびそこからの学びなどが生まれてくることが考えられます。さらに，個人や仲間とのそのような身体の動きを通して，自己の内面の動きについての「感じ」と「気づき」も考えられます。「難しいことにチャレンジしている」自分や，「友だちを思いやる」自分を「感じ」て「気づく」ことなどです。

このように，「水泳」を「体験活動」と意識すると，大きくとらえて「水」「他者（友だち・先生）」「自分自身」を直接体験する場として考えられるのです。そして，そのような体験活動は，各要素についての「感じ」と「気づき」を喚起し，さらにそれらにかかわる認識や思考および理解をひろげ，深め，展開していく学びのプロセスでもあります。そのような「感じ」と「気づき」については，身体の動きにだけでなく，その動作にともなう心の動きへの「感じ」と「気づき」にも重視する点に，体験活動からとらえる水泳の特徴があると思います。図4-1は，ここまでに述べてきた「水泳を体験学習というキーコンセプトからとらえた場合の学びの三要素とその関連項目における相互関係」を表したものです。

(3) 体験学習サイクルと「ふりかえり」の大切さ

上述したような体験を通して，より効果的に「感じ」と「気づき」を意識的に促し，学びへと展開する一連のプロセスとしていくにはどうすべきでしょうか。その点については，体験学習の方法としてよく取り上げられる「体験学習サイクル」から考えると有効です。それは，「①具体的体験（直接体験）」～「②観察・内省（ふりかえり）」～「③概念化（意味の抽出）」～「④新たな場面で

図4-2 体験学習サイクル（Kolb，1984）

の試行〈応用〉（現実での反映・実践）」の四段階が循環するモデルです（図4-2）。

　このサイクルは，自分のした直接体験（段階①）について考える「ふりかえり」（段階②）を起点として，心に描いた抽象的な「思考」について，その意味を表す「言葉（話す・書く）」（段階③）とし，さらに「実践」（段階④）というより具体的な形につなげ，新たに直面する経験の場に生かしていく（段階①に戻る）という循環プロセスとなります。

　このなかで，「②観察・内省（ふりかえり）」の活動は，個人または仲間たちと経験したことについて思い返し，感想を口頭で話したり記述したりしてその過程や結果を省みる段階としてとても大切です。この「ふりかえり」は，自分自身の心と向き合い（内観），または各々が思っていることを仲間と共有する場となります。そうすることで，直接体験したことを意味あるものとし，次なる実行動（動き）を生み出し，新たに直面する経験場面に生かしていくという，ある一つの体験を深化させていく源泉として特に重要となるからです。

　この体験学習サイクルを意識した「泳ぎ」における身体の動作を例にとって考えてみましょう。「泳ぐ」という直接体験（段階①）を通した自分の動きについて「感じ」，そして「気づき」，ふりかえり（段階②）によって，すでに自ら気づいたことへの深まりと新たな「気づき」に通じていきます。さらに，それらの動きへの「気づき」を通して考え（段階③），その考えにもとづいて次なる動作への応用を思案し試行してみる（段階④）ことになります。そして，これらの「感じ」と「気づき」を通した学びを踏まえたうえで，新たな運動や動きの場面（体験）に取り組んでいくのです（段階①に戻る）。ここでは身体の動きを例に説明しましたが，上の一連のプロセスは，先述の水泳における学びの三要素（およびその各要素にかかわるさまざまな事柄）のそれぞれについても同様のことがいえるでしょう。

　確かに，このようなことに留意しなくても「感じ」と「気づき」を大切にする授業はできると思われます。しかし一方で，「体験学習サイクル」やその循環プロセスの起点である「ふりかえり」の段階に留意し授業に活用することで，指導の過程で「感じ」と「気づき」の視点を忘れることなく，むしろ意識的に

深めていくことができるでしょう。また，このような「体験学習」の観点をもつことは，授業における内容について単に「する・こなす」で終わってしまうことや，「ただ楽しかった」で端的に完結してしまうことなく，次なる学びの場につなげていくという創造的な学習プロセスとする点からも有効です。したがって，「ふりかえり」の段階およびその実地は，体験して得た「感じ」や「気づき」を意味あるものとし，「実行動（次なる動き・動作）」へと連動するサイクルを循環させる源泉として重要な活動となるのです。

　さらに違った角度からみれば，体験学習法の「ふりかえり」は，体験したことに向き合うことで何らかの課題認識のきっかけとなります。そして，その対処への考えや行動へと展開されていく機会となるでしょう。すなわち，答えは他から教えられるのではなく，自らの経験から問題に気づき，答えを見つけていく学びとなります。したがって，体験学習法は，「ふりかえり」を基礎とすることで，課題発見および課題解決の課題探求型の学びとなるのです。また，より多くの体験をすることでその能力の向上が期待できるでしょう。そのような能力促進は，人生を自ら切りひらき創造的に生きていくうえで欠かせない「生きる力」をはぐくむことに通じていくものでもあります。

(4)「ふりかえり」の実際

　前項で「感じる」と「気づき」にかかわる「ふりかえり」の大切さについて述べました。その「ふりかえり」については，先生方が各授業の終わりにそれぞれのねらいに応じた「まとめ」をすることが「ふりかえり」になっている，またはしているという見方もできます。確かに，そのような「まとめ」も「ふりかえり」の一つです。しかし，上述したように体験したことの学びを深め，次への実践（動き）につなげていく源泉としてそのプロセス上で重視される「ふりかえり」はそれだけではありません。それでは，その「ふりかえり」はどのように実施することができるでしょうか。その具体的項目は，おおよそ表4-1のように整理できます。ただし，後述する「ふりかえり」の方法に応じて，項目は柔軟に取捨選択されます。

表4-1 「ふりかえり」の具体的項目

項　目	観　点
ア．内容・プロセス	どんな体験をしたか？
イ．結　果	何を「感じ」て「気づいた」のか？　何が起こったのか？：肯定・否定的な両面
ウ．原　因	そのようなことになった，起こったのはなぜか？
エ．成　果	何を知り理解して，習得したことやうまくいったことは何か？
オ．評　価	（ア〜エをもとに）自分や他者・グループのプラス面・マイナス面を認識・理解する。
カ．展　望	「オ．評価」をもとに，「次はどうするか？」という今後の考えや行動を思案する。
キ．実　践	「カ．展望」にもとづいて，実際に行動してみる（動きに取り入れてみる）。

　次に，表4-2は「ふりかえり」の方法について簡潔に整理したものです。なお，その表はふだんの学校での授業だけでなく，自然体験活動として行われる臨海学校などにおける「水泳」（遠泳，等）の活動をも考慮した提示となっています。したがって，各指導環境に応じて必要項目を参照していただければと思います。この表中①の「ふりかえり」は，体験した活動（動き）をやりっぱなしにしないで次の実践（動き）への動機づけや有機的な連携のためにも，(a) の方法を主として必ず行われるべきでしょう。すぐ上でふれましたが，2)「授業全体のまとめ」として，習慣的に授業の終わりに行われていると思います。また，そのような授業の締めくくりだけでなくても，授業中での主活動（主運動）を行った後に適宜「ふりかえり」を導入することも有効です。この点についても，ふだんの授業の中で実践されている先生は多いかと思われます。

　②〜④は，主として集団宿泊をともなう体験活動についての項目となります。②，③は必ずしなければならないものではありませんが，④との連携で，活動者の事後学習における有効な資料や各教科指導の学習材として活用できるためできるだけ行うのがよいでしょう。④は，校外で体験したことを事後における学校での学びにつなげていく観点からも欠かせません。体験活動中ではなく事後の日常に戻って行うことで，上記した②，③で得た資料を活用した各教科学習と連携できます。加えて，ふだんの生活において「どのように反映させられ

表4-2 「ふりかえり」の方法：いつ・どこで・どのようにして

ふりかえりの種類	実施のタイミングと場所
① 1）主活動ごとのまとめ 　 2）授業全体のまとめ	【いつ】1）一つの主活動が終了後すぐ 　　　　2）授業の終わり［全体または個人で］
	【どこで】各活動場所やその周辺
②1日のまとめ	【いつ】1日の全ての活動が終わった後・就寝前［主に個人で］
	【どこで】各自または各班の生活場所 　　　　（部屋，ミーティングスペース，等）
③現地での体験活動全体のまとめ	【いつ】体験活動の全ての活動終了後 　　　　（最終日の現地出発前）［主に個人で］
	【どこで】屋外の自分が心地よく感じるお好みの場所
④事後における体験活動全体・各活動のまとめ	【いつ】学校での事後授業や各教科指導にて［全体または個人で］
	【どこで】教室や校庭など，ふりかえり内容や状況に応じてふさわしい場所
【どのようにして】	
(a)グループや集団全体に指導者が問いかける方法（感想を聞く，等）	
(b)設問項目を設けた用紙に回答記述する方法	
(c)自由記述式の方法（心の記録：日記や感想文のイメージ）	

るか，実行できるか」などという現実とのつながりについて特に考えることを通して，体験活動で得た理解をより深めるためにも重要です。また指導者にとっても，②，③，④で得られる資料は，体験内容・結果や指導方法のあり方をフィードバックしていくという「評価の視点」，次回以降の学習指導に活用していく「計画の視点」としても有効となるでしょう。

(5) おわりに

　ここまでに示してきた直接体験や体験学習サイクルの観点に留意することで，本書のテーマである「感じる」と「気づき」の視点に通じるのはこれまでに述べてきたとおりです。それは，体験やその学びのプロセスには，それらの段階要素が内在しているからです。

　しかし，本項ではその「体験」の考えから水泳をとらえてきた見解すべてを授業づくりの全体に反映すべきであるということを主張するものでも薦めるも

のでもありません。むしろ,ふだんの授業や本書の他章にて紹介されている「水泳」の授業を思案し展開していくうえで,付加的な発想や指導上の手がかりとして併用的に参考にしていただければと思います。そして,そのように活用していただくことで,「水泳」の授業はもちろんのこと,その学びの三要素からつながっていく他の教科やさまざまな関連事項(例えば,水の環境問題,他者とのコミュニケーション力,等)への気づきや理解に展開させることもできることでしょう。

　ここで紹介した「体験活動・学習」をキーワードとする取り組みは,水泳にかかわる臨海学校なども含めた種々の(自然)体験活動全般においてより効果的な考え方および実践となります。体験活動にかかわるさまざまな指導や学びの場に活用してみてください。

(小森伸一)

〈参考文献〉
文部科学省(2008)『体験活動事例集──体験のススメ』(平成17・18年度 豊かな体験活動推進事業より)
Kolb,D.A. (1984) Experiential Learning : Experience as the Source of Learning and Development. Englewood Cliffs, NJ : Prentice Hall, 21

2 「からだ」を大切にした「水泳」における学び

(1) 心と体の一体化──「身体化された自己」

① 「からだ」の問題

「心と体を一体としてとらえ」という文言が学習指導要領体育科の目標の冒頭に掲げられています。そもそも心と体は別なるものなのでしょうか。

本書をお読みになっている方の多くが，心がスッキリしないときに体をいっぱいに動かして発散した経験をおもちではないでしょうか。このことは，心と体が一体であることを表しています。

一方で，心と体が一体でない子どもが増えてきているのも現実です。

精神医学者であるレインは，著書『引き裂かれた自己』（みすず書房，1971）において心の病と身体の関係が非常に深いことを明らかにしています。自分の身体に対して嫌悪感を抱いている人は，身体が自分の外の世界の側に存在している「身体化されない自己」の状態にあると定義しています。2011年に発表された「高校生の心と体の健康に関する調査」（財団法人日本青少年研究所）では，日本の女子高生はアメリカ，中国，韓国を加えた4か国の中で最も「やせ型」でありながら，自分の体型を最も「太っている」と評価する傾向にあり，自分の体型に「満足している」割合は最も低い傾向にありました。このことからも「身体化されない自己」に陥っている子どもが多いことは明らかです。

テレビゲームやインターネットの世界だけで多くの時間を過ごす子どもも増えています。体を使わないバーチャルな映像情報とのやりとりがリアルな体と心を分離させてしまっていると多方面の識者から危惧されています。

先の意識調査では，日本の高校生は「気分の晴れない鬱的な傾向」が他国の高校生に比べて強いことも報告しています。「憂鬱」「むなしい感じ」「寂しい」「わけもなく不安だ」と回答した割合が，米中韓に比較して高いのです。特に

「憂鬱」感は，日本の高校生の5人に1人以上が頻繁に感じているようです。

　つまり，現代の日本の子どもたちは，心と体が分離してしまいやすい環境の中で生活しており，現実問題として心を病んでいる「身体化されない自己」の割合が高まってきていることがわかります。

　では，心と体が一体となっている「身体化された自己」の状態になるためには何が必要なのでしょうか。

　② 「身体化された自己」とコミュニケーション

　レインは，人が「身体化された自己」を生きるとき，「他者と現実的でしなやかな関係を結ぶことができ，自分がこの世界（社会）に生きていることが意味のあることと感じることができる。また，自分の行動が他者や社会に影響を及ぼすことができる」と述べています。逆説的にいえば，バーチャルではないリアルな状況の中で「意味」（本書では「運動の意味」）をつくり出し，自己効力感・自己有用感を感じ合えるようなかかわり合いによって「身体化された自己」であり続けることができると考えられます。

　第83回アカデミー賞で作品賞など4部門に輝いた映画『英国王のスピーチ』は，内気で吃音に悩む英国王ジョージ6世がコンプレックスを克服していくドキュメンタリーです。そこには，妻や家族の支えと言語セラピストの活動的なコミュニケーションによって国民に訴えるスピーチの意味を見出し，国王としての自己効力感・自己有用感を有する「身体化された自己」を再構築していくストーリーが感動的に描かれています。

　真の「心と体の一体化」とは「身体化された自己」の状態であるといえます。その状態にある者もそうでない者においても，他者（教員やセラピスト等指導者を含む）との「コミュニケーション」自体が，学ぶ手段という枠を越えて学ぶべき目的・内容となります。

　また，教育という営みにおいては学習内容（水泳，スピーチ等）自体とのコミュニケーションも忘れてはなりません。「身体化された自己」をめざす学び合いでは，学ぶべき内容に能動的に意味をつくり出すことが重要だといえます。

　それらが有機的に絡み合うことができたときに「教育は感動だ」ということ

につながるのでしょう。
　③　コミュニケーションと「からだ」の関係
　日本では古くから「身をひく」や「はらが据わる」などに代表されるように心と体を一体としてとらえた表現が多くあります。このように心と体が一体となっている状態を，ここでは「からだ」と呼ぶこととします。
　ところで，「あの人は心をひらいてくれていない」と感じたことはありませんか。しかし，心というものを見られる人はいません。つまり，心をひらいていない「からだ」を察してコミュニケーションがうまくいっていないと感じているのでしょう。反対に考えれば，「からだ」をひらくことでコミュニケーションを豊かにできる可能性が高まります。
　体育は「好きな教科」にあげられる一方，「運動好きの体育嫌い」や「体力の二極化傾向」などの問題も指摘されています。つまり，「からだ」をひらいている子が多い一方，「からだ」をとじている子も少なからず存在しているはずです。では，体育科においてすべての子どもが「からだ」をひらくためには何が必要なのでしょうか。

(2)「身体化された自己」を再構築し合うコミュニケーション

　①　「からだ」と「場」のコミュニケーション
　体育科教育の世界で「場」というと，施設や器械器具のセッティングの方法というイメージが湧きやすいと思います。しかし，ここでの「場」は，施設や器械器具のセッティングに加え，その活動の場の醸し出す雰囲気や教師や仲間から感じられる雰囲気も含めるものとします。
　ヘルマン・シュミッツは，著書『身体と感情の現象学』（産業図書，1986）において，「からだ」の感覚と「場」の雰囲気が連動しているということを述べています。
　運動会当日，万国旗が飾られ，きれいにラインが引かれた校庭で興奮して走り出す子ども。体育館のエバーマットにダイビングする子ども。快晴の海水浴場で波に向かって全力で走り出す若者。すべて「場」が発する雰囲気を感じ取

って「からだ」がひらき，ダイナミックな運動が誘発された例です。

つまり，人は人とだけでなく，「雰囲気も含む場」ともコミュニケーションをとっているといえるのです。

② 水泳における「からだ」をひらく「場」づくりの原則

そもそもプールは子どもたちにとって魅力的な「場」です。特に暑い夏の日はプールの水が「体を冷やせるよ」とメッセージを発しており，子どもたちの「からだ」はひらかれます。また，水特有の浮遊感や粘性抵抗も子どもの「からだ」をひらきます。水の中では，友だちをおんぶしても軽く感じ，速く走ろうとしても思ったとおり進みません。自由時間におんぶや鬼ごっこの様子が見られるのは，浮遊感や粘性抵抗による日常（大気中）との違いに「からだ」をひらいているのだと思われます。

一方，「プール好きの水泳嫌い」がいるのも現実です。運動神経のよい子が水泳の授業で暗い顔をしている（見学する）ということに出くわしたことはありませんか。おそらく，その水泳授業は能力別学習や泳力測定が中心ではないでしょうか。よほどの水嫌いでないかぎり，プールや海で遊ぶことは，好きな子が多いでしょう。つまり，水泳学習のあり方が「からだ」を閉じさせているのではないでしょうか。泳ぐことが苦手な子どもは，クラスメートに見られながら，どこまで泳げるかを測定されるだけの学習の「場」によって，ますます「からだ」を閉じていきます。効率的に泳力を伸ばそうとする習熟度別学習が結果的に泳力の二極化を推し進めてしまう可能性があると筆者は危惧しています。

「からだ」をひらくために重要なことの一つに，教師が単に「できる」ことだけを求めないことがあげられます。「できる」ことだけを重視した「場」では，「できない」ことを認識した子の「からだ」は閉じます。さらに，個別的な学習となり，本来「からだ」をひらくべき対象である仲間や教師の存在を遠いものにしてしまいます。水泳学習においては，水の特性である浮遊感，粘性抵抗から生じるおもしろさが盛り込まれ，さらに仲間とかかわり合う必然性がふんだんに存在する「場」が求められるといえます。

③ 水泳における「からだ」をひらく「場」——活動・用具

すべての子の「からだ」をひらくための手段の一つに「浮遊感によるおもしろさ」を味わわせることがあります。プールの中を大きくグルグル回り、みんなで流れ（大きな渦）をつくった経験はあるでしょう。その流れに乗ることで誰でも浮遊感を味わうことができます。先生が「何秒足を着かずに浮いていられるか。よーい、ピー」と合図を出すとゲーム的要素が高まります。また、先生が2人組で流れに対し垂直になるようにコースロープを持ってもおもしろいです。そのロープを水面から数センチ浮かせたところでキープすると、浮いてきた（流されてきた）子たちは一瞬もぐらざるを得なくなります。なかにはイルカのようにとび越える子もいるでしょう。コースロープはクルクル回るので、けがをしにくいのでおすすめです。さらに、この流れの中で先生がフラフープを持ってもよいでしょう。フラフープを水中に沈めれば、流れの中で潜水し、三分の二くらい水に沈めれば、流れの中で「け伸び」をするでしょう。そのフラフープの数や位置で、さまざまな動きの感じを味わえるでしょう。

このみんなでつくった渦は、「粘性抵抗による不自由さ」を愉しませることも可能です。強い流れになった後、先生の合図で一斉に逆に進ませます。泳いでも歩いても、その不自由さに思わず声が上がります。逆流だけでなく、流れに垂直に泳ぐことは、海の水難事故の原因である「離岸流」対策にもなります。

高学年では、コースロープで直線的に泳ぐのではなく、ブイを回る活動はいかがでしょう。ここでは、泳ぎながら周囲を見て、自身の位置と泳ぐ方向を修正することが重要になります。海を泳ぐオープンウォーターやトライアスロンといった競技では当たり前の能力です。海や川での水難事故が相次ぐなか、競泳以外の「生きた泳力」向上にもつながります。

「からだ」をひらく「場」の工夫は、新たな動きの重要性に気づくきっかけにもなります。

④ 他者とのコミュニケーション——仲間

雰囲気も含めた「場」の中の重要な構成要素であり、直接的なコミュニケーションの対象は「他者」です。なかでも同じ学び手である級友は大きな存在です。

学ぶことが「自己中心性から逃れて自分をひろげ深くしていくこと」だとするならば，機械的なほど同一の考え方をする他者からは自己のアイデンティティをひろげ深めることは非常に難しいでしょう。OECDでは，21世紀におけるキーコンピテンシー（主要能力）の一つに「異質集団の中でのコミュニケーション」をあげています。一つのテーマにおいて十人十色で真剣に取り組める集団はすばらしいです。個性の尊厳を重んじる関係性（尊厳的個性）と個人的能力特性としての二つの個性が重視されているからです。

　さまざまな資質や能力にあふれた関係性のなかで能動的に学び合うことは，子どもが自己効力感や自己有用感をもつことにつなげられます。まさに学び合いのなかで「からだ」をひらき，「身体化された自己」を再構築し合う関係です。

⑤　他者とのコミュニケーション——教師

　雰囲気も含めた「場」をデザインすること（デザイナー）に加えて，子どもたちの学びをひろげ深める対話を行うことが最も重要な教師の役割です。

　「身体化された自己」を再構築する学びは，従来の技能の習得・活用という枠に収まる過程ではなく，水と「からだ」の対話のあり方を他者との対話を通して学んでいく過程だといえます。別言すれば，水泳に内在する「おもしろさ」を見出し合うコミュニケーションのなかで「身体化された自己」を再構築し合う過程だといえるでしょう。

　そこでの対話に専門職である教師が入ることでひろがりと深まりが生まれなければなりません。「身体化された自己」を再構築し合う学び合いにおいては，他者性（その人らしさ，その人ならではの「気づき」）をどれだけ多く取り込むことができるかが重要です。「気づきの連鎖」が起こせるかどうかはコーディネーターとしての教師の力量にかかっています。

　教師の尊厳的個性あふれる学級経営の能力によって「気づきの分かち合い」が行われ，自己効力感・自己有用感を有する「身体化された自己生成」をし合うこと，すなわち，よりよい自分づくりとよりよい仲間づくりが可能になると考えられます。

（梅澤秋久）

3 心と体が一体となっていくプロセスとしての水泳学習

技術の習得をゲームから切り離し，個別の技能練習をしてからゲームを行うようなスタイルではなく，ゲームの中で技術を習得していくと考え，修正したゲームを学習者に提供して学びを深めていくような「Game Sense」という戦術学習としての指導方略が，ボールゲームの授業では用いられるようになりました。この指導方略は，個人技能を重視する運動種目においても応用することが可能と考えられます。そこで，本節では，ボールゲームの学習ですべての学習者が楽しく学ぶことができる指導方略として確立してきた「Game Sense」を，個人種目といわれる水泳へ応用する可能性について検討します。

(1) 技能の学習

水泳の技能は，模範的な泳法を身に付けていくことだけではなく，泳ぐことを通して，技術を理解していくことによっても高まります (Light & Wallian, 2008)。いわゆる模範的な泳ぎ方は，バイオメカニクス的に一般化・客観化するために進められてきましたが，すべての学習者に対して完全に標準化されるものではなく，個々人によってとらえ直す必要があります (Light & Wallian, 2008)。そこで，水泳の技能の学習は，意味ある技術とであうために，自分の現在の力や水泳の経験を理解することから始まるといえます。したがって，技能の学習とは，「模範的な（正確な）」泳ぎ方を再現させるのではなく，「自分にとって意味ある技術」を実際の泳ぎの中で理解し，「自分の泳ぎ」にしていくプロセスを経験させることであるといえます。そして，このような学習は，教師が技術を分解して教える直接指導ではなく，水泳をまるごと経験して，変化していくことを支援する教師の間接的な指導によって具体化されるといえます。

以下，ストリームラインと飛び込みの技術について扱った事例を手がかりに

して，検討を行いたいと思います。ストリームラインは，スタートして飛び込むとき，あるいはコースを折り返してターンするときに，水の抵抗を少なくするために有効です。ここで紹介するアプローチにおいて，子どもたちは，学習を通して推進力と抵抗という二つの基本的な概念を理解することで，泳ぎを変化させていきます。

(2) ストリームラインと飛び込み

　スイマーたちは，壁からターンをするとき，頭の先に腕を伸ばして身体を流線形に保つことによって，水の抵抗を少なくして泳ごうとしています。そこで指導者は，足を使って大きな推進力を得て，抵抗を少なくすることで，できるだけスムーズに壁からターンできるように子どもたちを指導しようとします。このような指導では，ターンによってどこまで進むことができたかという距離を学習の成果として記録していくことが実践されています。そして指導者は，子どもたちのこのような経験を通して，グループを作って，より楽に泳ぐためにはどうすればよいかを発問し，話し合う活動を導入します。このような活動において子どもたちは，実際に試してみたり，疑問を持ち続けながら，授業や練習時間以外にも試したりしてみながら探求活動を行っていきます (Fosnot, 1996)。また，子どもたちはグループ内で相互に評価をし合い，学びを深め，グループとしての問題解決の仕方を生み出していきます。子どもたちはグループの中でそれを明確にしたうえで練習をし，その後，指導者はそれを説明させて，再度，実際に子どもたちに泳がせるような指導が行われます (Light & Wallian, 2008)。この学習の過程では，単純に模範とされる動き方をまねするのではなく，最大限の推進力を生んだり，ターンのとき壁からの抵抗を少なくしたりするのに必要な概念の理解が促されていきます。また，このような学習過程では，指導者が答えをすべて示すのではなく，技術に意味付与していく指導となり，教師主導ではなく子どもが自ら学ぶ姿勢をはぐくむことによって，学習する力を醸成していくようになっています。フォズノットによれば，子どもたちが泳ぐときに推進力を高めたり，抵抗を少なくしたりすることの概念は，

「感じる」経験を通して引き出すことができる大きな「気づき」であるといえます（Fosnot, 1996）。

　私は，競泳指導で，小学生のスイマーが，飛び込んでから，できるだけ長く進む練習を観察したことがあります。指導者は，子どもたちに飛び込んでから，脚や腕を使わずに，流線型を保ちながらできるだけ長く進むにはどうすればよいか問うことから，その練習をスタートさせました。子どもたちは教師が印を付けたところまで泳ぐと，水の抵抗を少なくして泳げるように技術的な指導を受け，そのあと指導者に支援されながら，よりよく泳げるように励まされ，泳いでいました。子どもたちの様子からは，思いっきり飛び込んだり，長く進むための方法を試してみたりしながら楽しみ，互いにかかわりながら学んでいることが見て取れました。そして練習の終わりに，指導者は子どもたちに今日のポイントを話しました。この指導法は，小学校教師にも参考になると考えられます。しかし，この指導では，「何を学ぶのか」という学習内容があいまいなままであり，小学校の水泳指導として考える場合には，この点について明確にする必要があります。

　この事例では，子どもが飛び込んで，できるだけ長く進む経験を十分にさせ，技術指導の機会を少なく設定していることがわかります。しかし，この練習において指導者は，子どもたち自身が経験から気づいたり，理解したことを言葉で表したりする機会を設定していませんでした。また，この指導には，社会的相互作用の場や互いの考えを議論する場がなく，考えたアイデアを試したり，表現したりする学習が組み込まれていませんでした。このような事例を学校体育に援用した場合，指導した子どもたちに何度か飛び込みの挑戦をさせた後，教師は子どもたちに直接的に指導するのではなく，ゲームそのものの教育が必要だと主張するライトとフォーレスト（Wright & Forrest, 2007）が提唱するように，子ども中心の発問を行いながら，より遠く，滑らかに進むための体の動かし方はどのようにすればよいかを発問すべきでしょう。そうすれば，子どもたちは水の抵抗を減少させ，飛び込みから推進力を増大させるためのアイデアについて，グループで議論しながら，運動で「感じる」経験をもとに，「気

づき」を生み出すことができたと思われます。このような学習を通して，子どもたちは自分自身で考え，それを語ることができるようになり，自分自身で泳ぐための技術について理解し，技能を高め，学習を深めていくための能力を身に付けていくといえます。

　もし，このような実践が行われれば，子どもたちはグループや個人で考えた効率よく泳ぐためのアイデアを試し，感じて気づくことを繰り返しながら洗練させていくことができたでしょう。このように，水泳学習では問題解決的な学習（Mosston & Ashworth, 1986）よりも発見学習が適していると考えられます。この発見学習では，子どもたちは自分たちにとって一番効率がよい泳法を自分自身で発見していきますが，このとき教師は，子どもが失敗することも学びのプロセスの一つとして考える必要があります。また，子どもたちが学習を深めていくために，自分自身で問いを発見し，仮説を立て，検証していくことを経験させることも重要です。そして，実際の経験からどのように感じたのかを子どもたちに発見させることが重要となります。このような学習においては，ただ泳いだ距離を計測するだけではなく，まず頭を上げて泳がせ，次に頭を下げて泳がせることで抵抗の違いを実感させるといった活動が考えられるでしょう。そして，単元全体にわたって，泳ぐときに推進力を高め，抵抗を小さくする方法を理解していく技術的な学習が含まれることが最も重要となります。すなわち，「感じ」を通して「気づく」学習は，ゲームでの実感を通して，戦術に気づいていくプロセスと同様といえます。

（3）水を感じることができるようになること

　水を「感じる」ことは，水泳の学習において重要なことであり，優秀な水泳選手とそうでないものを分かつ決め手ともなります。感覚は，筋運動による経験を認知し，調節することで生じますが，無意識に生じることもあります。その感覚は泳ぐ者と水との関係をさし，この関係を理解することは泳ぐことが上達することと同じくらい重要でありますが，あいまいな概念でもあります。優れた水泳の選手がもつ水とのかかわりを感じる感覚は，指導者が直接的に指導

することは難しいものです。よって多くの指導者は，この感覚を先天的なものであるととらえ，あいまいな「灰色」の分野として敬遠しています。

　感覚は直接指導では教えることができないため，指導者は実際に子どもが泳ぐ中で身体が水を感じる経験を通して，学習を促します。このような学習は，指導者によって繰り返し教え込まれることが多いですが，水を感じることは繰り返し泳がせるような指導では発達しません。子どもたちが水を感じるためには，より効率のよい泳ぎ方を理解し，実際に泳げるようになるまでの筋運動感覚の経験が重要となります。

　デューイは，「教師は指導するのではなく，学ぶための環境をつくるのだ」(Dewey, 1916/97) と述べています。例えば，平泳ぎの練習のときに，教師は子どもたちに，まず正面から外側へ水をかかせ，脚を使わずに腕だけで泳がせてみます。すると，この経験によって，腕で身体の外側に水をかくことで，水をとらえることができ，内側に水をかくことは脚で蹴らずに前進するために必要であることを経験することができます。

　また，脚を使わずに片手だけでどのように効率よく泳ぐかに注目する練習も考えられます。この練習は，腕や手指と水の接触や効率のよい泳ぎ方を発見する感受性を深めることにつながります。この活動で，子どもたちは，よりよいストロークの技術を導き出して，最も効率のよい泳ぎ方を模索することや手や腕で水をつかむための「感じ」を高めていくことによって，自分の泳ぎ方を変化させていきます。このような問題解決的な学習は，活動の中での反省的思考 (Varela, Thompson & Rosch, 1991) や身体的思考 (Light & Fawns, 2001) といった概念をこえて，無意識に具体化されたレベルで一般的には生じます。このような活動を行う指導者の多くは，環境を整えたり，子どもに繰り返し練習させたりするような授業では，水の「感じ」をつかみにくいと考えています。したがって，ここでは無意識のレベルにおける学習が暗黙のうちに強調されているのです。

　すなわち，このような学びのプロセスでは，泳いだ後に考えたことや泳ぐ技術が意識的に理解されることを重要視しません。構成主義の観点から考えると，

ここでの学びは,「感じ」を学ぶために構成されており,このような子ども中心のアプローチによる学びが強調されることは,教師の視野の広がりにもつながります。そして,子どもへの発問や子ども同士の議論が重視されるこのアプローチは,技能ではなくゲームそのものを教えていく「Game Sense」のアプローチに共通する部分があります。

　水泳指導のこのような側面において,泳いでいる「感じ」について話し合うこと,「感じ」にかかわる技能を内省すること,「繰り返し試す」ことを必然的に伴いながら,「内省,議論,アイデアの一般化,評価」のプロセスを意識していくことによって,構成主義的な学習理論を活用するための大きな可能性が生まれます。そして,このような学習では,模範的な動き方ができるようになるための単純な「繰り返し試す」練習にならないように注意しなければなりません。

(4) 心と体を一体としてとらえる学習過程

　私がここで示した教育観や学習のアプローチは,心と体は別々に存在するととらえる心身二元論とは異なる知識の概念や心と体の関係の考え方をしています。スポーツ教材における指導や学びを構成主義的な立場から考えると,心と体を一体としてとらえることが重要となります。学習についての西洋の思考は,心身二元論の視点から,ロダンの「思想家」という像に表されているように,精神が体をコントロールし,表現されたことが揺るぎない学びとして残されるという考えによって支配されていました (Davis, Sumara & Luce-Kapler, 2000)。ここで紹介した指導例は,体育における学習では心と体を一体とすべきだと主張し,心身二元論に異議をとなえています (Light & Wallian, 2008)。学習するとき,身体が果たす役割はきわめて重要になりますが,心と体を分けて考えることが強調されるのは望ましくありません。むしろ,心と体は分けることのできない関係にあるととらえ,指導することが重要となるのです。

　ヴァレラらは,学習におけるマインドフルネス(目標に積極的に目を向ける心理状態)の概念の有用性を示すために,メルロ=ポンティや仏教主義の思想

にみられる現象学的視点から，認識のとらえ方について提案しています。マインドフルネスとは，具体化された日常の経験の中にあらわれる心をさします。その経験とは心に導かれるもので，抽象的な行動から一つの経験そのものの情況へ立ち戻ることなのです（Varela et al, 1991）。彼らは日常生活の中で心と体が調和することは少なくないこと，またマインドフルネスは反二元論的であることを主張しています。これらの見解から，水泳学習では，子どもたちが心と体，そして水と一体となるように腕や手にまで意識させるマインドフルネス（必ずしもこの用語を使うわけではありませんが）の状態になるように指導することが重要なのではないかと考えられます。

（5）結　論

　心と体を一体とした学習とは，学習成果を獲得し，ブロックのように組み立てていくものであるかのようにみなしてきた考え方に対して，不分離なもので個別の要素に分けがたいものであり，成果は「獲得」ではなく，「変化」であるとみなす「Complex Learning」という考え方に立ちます。このような見方から，水泳のように技能の学習が強調されやすい授業でも「できるようになったり，うまくなったりすること」は否定されるものではありません。一方で，このような学習の理解は，単純な方法論の獲得でなく，それを支える教育学的原理の理解によってのみ可能です（Light & Wallian, 2008；Light, 2008, Light, 2009）。これは，デービスとスマラ（Davis & Sumara, 2003）が主張する，知識伝達の過程として学習をとらえることを克服するために重要な視点になります。これは，心と体を一体としてとらえた考え方によって引き出され，集団的な運動であるか個人的運動であるかにかかわらず，学習をより包括的なよりよい変化の場と考えるうえで機能します。

（リチャード・ライト（Richard Light）：田島香織・齋藤祐一・鈴木直樹 訳）

〈参考文献〉

Davis, B. & Sumara, D. (2003) Why aren't they getting this？ Working through the regressive myths of constructivist pedagogy. Teaching Education, 14 (2), pp.123-140

Davis, B., Sumara, J. & Luce-Kapler (2000) Engaging minds：Learning in a complex world. New Jersey：Lawrence Erlbaum Associates, Publishers.

Fosnot, C. T. (1996) Constructivism：A psychological theory of learning. In C. T. Fosnot (Ed.), Constructivism：Theory, perspectives and practice. New York & London：Teachers College, Columbia University.

Light, R. (2009) Understanding and enhancing learning in TGfU through Complex Learning Theory. In, T. Hopper, J. Butler & B. Storey (Eds) TGfU…Simply good pedagogy：Understanding a complex challenge (23-34), HPE：Canada.

Light, R. (2008) Complex learning theory in physical education：An examination of its epistemology and assumptions about how we learn. Journal of Teaching in Physical Education, 27, pp.21-37

Light, R. & Fawns, R. (2001) The thinking body：Constructivist approaches to games teaching in Physical Education. Melbourne Studies in Education, 42 (2), pp.69-87

Light, R. & Wallian, N. (2008) A constructivist approach to teaching swimming. Quest, 60 (3), pp.387-404

Mosston, M. & Ashworth, S. (1986) Teaching Physical Education (3rd Ed.). Columbus：Merrill.

Varela, F. J., Thompson, E. & Rosch, E. (1991) The embodied mind：Cognitive science and human experience. Cambridge MA：MIT Press.

Wright, J. & Forrest, G. (2007) A social semiotic analysis of knowledge construction and game centred approaches to teaching. Physical Education and Sport Pedagogy 12 (3), pp.273-287

4 泳法指導を超えた指導実践

(1) スタート飛び込みは陸から水への最適接続詞

① スタート飛び込みはなぜ嫌われるのか？

　頭部や頸部の障害事故が起きているため，「スタート飛び込み（以下，飛び込み）」は危ないと考えられています。「危ないものは，やらない」あるいは「やらせなければ，何も起きない」という風潮になり，施設面でもスタート台が撤去されたり，飛び込み禁止という規則のプールがほとんどです。

　専門書や定期刊行物を検索してみると，それらの多くは，4泳法（クロール・平泳ぎ・バタフライ・背泳ぎ）とターンについて詳細に解説しています。しかしながら，飛び込みについては，取り扱っていないか，取り扱っていても非常に小さいです。「顔面や腹から着水すると痛いから注意」とか「深く入ると（プールの底にぶつかるので）危ないから注意」と記述されていますが，ではどうすればよいのかまではわずかしか教えてくれません。

　飛び込みが危ないと嫌われている背景には，飛び込みの運動構造と技術，そして指導・学習の立場からの再検討がなされないまま皮相的に危険視されるという実態があります（少なくとも筆者にはそのように映ります）。

　競泳では，選手は飛び込み，泳ぎ出します。シンクロナイズド・スイミングでは，しばしば足方向へ移動する泳ぎ方が見られます。けれども，それらを除けば，4泳法や横泳ぎはすべて頭方向へ進みます。そして飛び込みは，足で踏み切り，手指から入水していきます。したがって，飛び込みは，陸上と水中の活動を結びつける「最も機能的な接続詞」なのです（陸上から飛び込んだ後，水中であお向けになり背泳ぎすることもできます）。

　「最も機能的な接続詞」である飛び込みは，その運動経過の中に身体の曲げと反らしを含んでいます。「エントリー期（陸上での飛び出しから入水まで）」

151

では身体の曲げ,「エキジット期（入水から浮上まで）」では身体の反らしを伴うのです。飛び板飛び込みや高飛び込み用のプールのように十分な深さが確保されていないプールでは，エントリー期よりエキジット期が重要になります。なぜなら，身体の曲げととりわけ反らしを調節することで，「深く入りすぎない飛び込み」または「プール底にぶつからない飛び込み」を達成しなければならないからです。

② 飛び込みは「け伸び」から始める！

1）け伸び

ストリームラインだけではなく，プール壁をけり出す位置（深さ）や角度，手指・腕・頭部（視線）の構えに変化をもたせたいものです。手掌・胸あるいは手甲・背中に水の抵抗を感じ，舵取りできることを体験するためです。

2）イルカとび

運動者（学習者）自身の積極的な動作により，身体の曲げと反らしを実現します。両腕を上挙し頭部をはさんだ姿勢でプールの底をけってイルカとびを実施します。あるいは，両腕を上挙し軽く肘を曲げておきます。踏み切りと同時に両腕を伸ばし頭部をはさみます。そして，「バランスボールに身体前面でよりかかる」ように手指から順次に入水し，潜行します。そして，入水順に身体を反らせ，浮上しながら平泳ぎのように両腕をかき，再びプールの底に立つのです。目前のコースロープを越えて入水し，次のコースロープ下を通過することもできます。まだ身体のほとんどが水没していますが，力強い踏み切りを意識させたり，入水まではあごを引き，その後に頭を起こす動きと手指・腕・上半身の動きを同調させます。このように，身体のアクション（曲げと反らし）による方向転換を質量ともに高めておきたいです。

プールの底を踏み切るイルカとびでは，前方への勢いはそれほど大きくありません。プール側壁の断面は，底・ステップ・オーバーフローというのが多いですが，次の段階では底から一段高いステップからイルカとびを行います。踏み切り地点が高くなるとともに水没する身体部分が少なくなります。それだけではなく，ステップの角に足指をかけて踏み切ることができるため，力強いイ

ルカとびが可能になります。ダイナミックになったエントリー期に目が向けられがちになりますが、エキジット期の身体の反らしをこれまで以上に積極的に行わねばならないことを忘れてはなりません。

3）仮設ステップからのイルカとびまたは飛び込み

プール側壁のステップとオーバーフローの間は、おおむね1mほどになっています。プールの底を踏み切るイルカとびから、水中のステップを利用したイルカとびを経て、オーバーフロー部からの飛び込みに向かうのが、これまでの一般的手順であったようです。そしてオーバーフロー部からの飛び込みは、「しゃがみ立ち」から行うように指示されていました。約1mの落差を考慮した対策と思われますが、しゃがみ立ち姿勢では膝を深く曲げることになり、踏み切りがうまくいかず、身体が伸び切らないままで着水したり、腹打ちや顔面着水を生じさせることが多くありました。イルカとびの運動経過の全体像を変えることなく、しかも約1mという物理的かつ心理的落差を段階的に克服するためには、「プールフロア」や「脚立」をプールに沈め、深さないしは底を浅くすることが有効です。踏み切り位置が浅くなればなるほど、水没するのは下肢程度になります。運動者自身もイルカとびではなく飛び込みをしているという意識が大きくなります。高い地点からのイルカとび／飛び込みでは、到達水深も深くなります。だからこそ、「深く入りすぎない」、または「プールの底にぶつからない」ためには、より遠く前に入水し、水面下での身体の反らしがとても重要になることを、一瞬たりとも忘れてはなりません。

4）オーバーフロー部・プールサイド・スタート台からの飛び込み

オーバーフロー部はくさび状に盛り上がっているため、ビート板などで調整すると足指をかけやすくなります。身体は水没する部分がなくなるので、踏み切り時の水の抵抗は少なくなります。飛び込み運動の原型は変わりません。しかしながら、より高い地点からの飛び込みになるため、特に踏み切り方向に関しては、「高く」という指示はすべきではありません。また、運動者は痛くない入水にのみ集中しがちになりますが、入水後の身体の反らしを常に意識させなければなりません。

5）水中観察が役に立つ

　陸上から水中の様子を観察するのは容易ではありません。しかし，スイミングゴーグルやシュノーケリングマスクなどを用いれば，水面下での動きを直接に，しかもかなり鮮明に見ることができます。また，防水機能付きカメラを利用することもできます。指導者が運動者の動きを確認し，助言を与えるためにも，仲間同士で観察し合い問題点を指摘し合うためにも，水中での観察は不可欠です。

(2) シュノーケリング

① フィン，シュノーケル，マスクを用いる

　まずは，シュノーケリングの感じをつかませることが前提になります。具体的には，頭部が水没していてもシュノーケルの先端部が水上であれば呼吸できる，水中から浮上したら「ひと吹き」する，口で呼吸する，フィン使用では脚の動きを調整すべきことなどです。マスククリア（鼻からの呼気によって浸水したマスクから水を出すこと）も行っておきたいです。

　シュノーケリングでは，潜水と浮上を通して水の深さないしは垂直方向の体験をしたいです。水面直下で呼吸を確保し，うつ伏せで前へ進みます。臀部を天井に向けるようにしながら前屈をします。上半身が逆さまになるのに合わせ，両脚を空中にあげ，身体を伸ばします。身体が沈み込んだら身体を反らせ，プールの底に胸や腹をこするように潜行します。そして，再び浮上します。単独でも複数でも行えます。また，1人が水面直下をうつ伏せで進行し，反対側からもう1人が水中をあお向けで潜行し，2人は向かい合ってすれ違います。3，4人の縦列でもできます。縦1列で水面直下をうつ伏せ呼吸確保で進行します。先頭の泳者から前に回って潜り込み，あお向け（プールの底に背を向ける）になり，後方の泳者とすれ違います。前方に回り，うつ伏せに戻りながら浮上し，呼吸を確保し，列の最後尾につきます。

　また，シュノーケリングでは水圧を体験できます。水面下1mほどの潜水でも，運動者が耳の違和感を報告することがあります。それが「水圧」によるも

のであり,「耳抜き」によってその違和感を解消できることを学ぶ好機となりえます。ただし,すべての者が違和感を覚え,そしてそれらの者すべてが「耳抜き」に成功するとはかぎりません。

② フィン,シュノーケル,マスクを補助的に活用する

すでに述べましたが,水中活動を直接観察することは,指導・学習に有効です。シュノーケリング3点セットは水中を観察することだけではなく,水や泳ぎをよりさまざまに感じ,体験させてくれることに役立ちます。呼吸が確保されているため,例えば,クロールのばた足とフィンキックの「力」を比較体験できます。2人の運動者がうつ伏せで向き合い,互いに手を組み,合図とともにばた足とフィンキックを開始し押し合います。あるいはまた,平泳ぎのかえる足の練習にも活用できるでしょう。

(3) 集団水泳

① 4泳法以外の泳ぎのバリエーション

授業では4泳法が専らになりがちですが,それ以外の泳ぎも取り扱いたいものです。例えば,「立ち泳ぎ」「横泳ぎ」「エレメンタリーバックストローク」「スカーリング」「フラミンゴ」などです。どちらかといえば,早い段階から4泳法中心の授業を経験してきた者たちにとって,「これまでと違う」あるいは「新しい」感じを体験させ,水や泳ぐことの「幅」を広げたいものです。

立ち泳ぎは,運動者の体格とプールの水深との関係で実施しにくいこともありますが,できれば深いプールで行っておきたいです。横泳ぎは,あまり行われなくなったために,かえって新鮮です。右向きと左向きの横泳ぎを練習することも,自らの身体と向き合う機会になります。動きを反転させることは簡単ではなく,やりにくい側の練習は自らを知る機会になります。それだけではなく,2人で向かい合い,相互に視線を交わしながら手足の動きを合わせます。これらは,ひいては集団水泳にも役立ちます。プールの中に立ち,主に前腕で8の字を描くようにスカーリングして渦巻きをつくってみたり,あお向けまたはうつ伏せ(シュノーケル使用)でスカーリングします。ビート板を用いたり,

プールのオーバーフロー部に足をかけるなどして,「浮き」を確保することも有効でしょう。必要性が大きくないとしても,身体の向き(あお向け・うつ伏せ),スカーリングする手の位置(頭上・胸・腰),進行方向(頭方向・足方向)というように,さまざまなやり方があることを知っておきたいです。フラミンゴは,頭部と片脚を水上に出し,腰のあたりでスカーリングします。頭部を水上に出し,水面下で腰部と膝を曲げた(抱え込み)姿勢でコマのように回転することや,鼻から息を吐きながら(またはシュノーケルとマスクを用いて)水中で前後に回転します。これらのバリエーションを通じて,シンクロナイズド・スイミングの一部を共感するとともに,水と我が身の「感じ」をより豊かにすることができるでしょう。

② 集団水泳

4泳法および先にあげた泳ぎのバリエーションなどをもとに,集団による演技を構成します。シンクロナイズド・スイミングの競技や映画では,ダイナミックな空中の動きが強調されることがあります。しかしながら,空中に飛び出す動きには注意を要します。なぜなら,プールの水深が十分ではないからです。その代わり,底に立ったり,水中逆立ちなどは妨げません。

まず,プール横幅の距離で2人組や3人組で単一の泳ぎを合わせることから始めます。他者の動きと自身のそれとを合わせることは,学習者たちに奇異な感じを生じさせることもあります。「水泳は距離とタイム」という固定観念がその背景にあるようですが,「皆で演技する」という目標を理解すれば,隣や前後の仲間の動きをゴーグルやマスク越しに見たり,「気配」を感じながら自らの動きを調整します。そして,「合わせること」そのものに価値をおけるようになります。次いで,中間地点で泳ぎを変えます。クロールから振り向いて背泳ぎ(うつ伏せからストロークに合わせてあお向け)へという直接的な変化だけではなく,フラミンゴのようなシンクロナイズド・スイミング的なものを交えます。こうして「組み合わせ泳ぎ」のパターンをつくります。その後,いくつかのパターンを合わせ,25mプール全面を使う集団水泳の演技を構成します。音楽伴奏があればいいでしょう。最後に演技発表会を行います。(市場俊之)

5 自己保全能力を養う「水泳」

(1) 自己保全と安全

『広辞苑』(第5版)によれば,自己は「その人自身」,保全は「保護して安全にすること」という意味です。つまり「自己保全能力」とは「自身で自分を保護し,安全な状態をつくる能力」と定義されます。また,安全とは「①安らかで危険のないこと。②物事が損傷したり,危害を受けたりするおそれのないこと」という意味です。安全の具現について吉田(1972)は,活動者自身が安全にとって望ましい行動を実践することに加え,環境が安全に保たれていなければならないとしています。したがって「自己保全能力を養う水泳」とは,水辺活動を含む水泳における自己保全能力の涵養を意味し,具体的には,①一定水準以上の危険のない環境において,②運動者自身による行動によって,③危険のない状態をつくり出す能力を養うことと解されるものです。

(2) 水泳における自己保全能力

① 水難事故の概要

警察庁では水難事故の統計をホームページ上で公開しています。これによると1968年[1]には水難事故は3941件発生し,犠牲者数[2]は3166人でした。その後,水難事故発生件数は1975年にピークを迎え(4654件),1995年に年間2000件を下回り,2009年には1540件まで減少しています。また,犠牲者数は1972年にピークを迎えた(3599人)後,2001年には年間1000人程度となっています。なお,2002年には年間犠牲者数が1000人を下回り,その後850人程度での推移が継続しています。

一方,水難事故による致死率[3]についてみてみると,1968年に89.5%という高率を示していましたが,1979年には59.0%まで低下しています。その後,

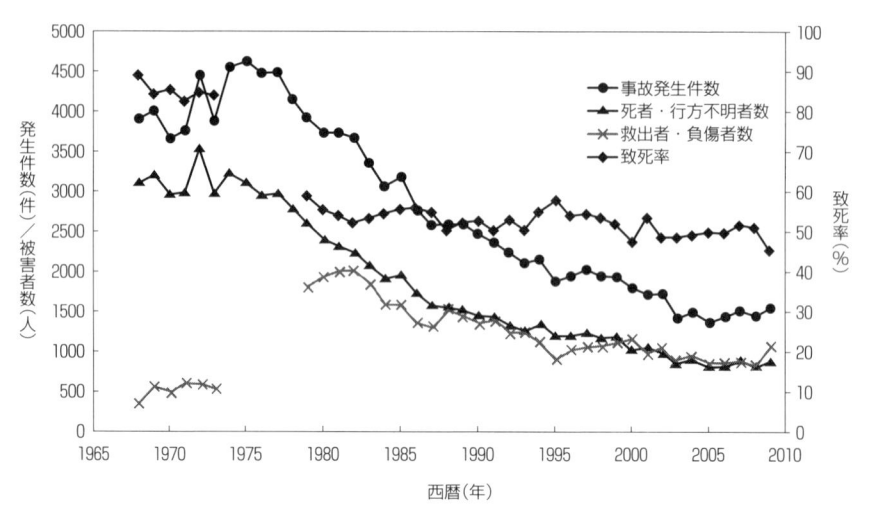

図4-3 水難事故の発生状況 (警察白書より筆者作図)

1999年まで50％台を推移し，2002年以降，致死率が50％をわずかに下回った状態が継続しています。

② 水難事故防止としての水泳教育の必要性

このように水難事故による事故発生件数および犠牲者数は，巨視的に見れば漸減傾向を示していると見てよいでしょう。その背景については，紫雲丸事故を契機とした学校水泳教育の成果とする報告（土居・下永田，2009）がありますが，一方で犠牲者数の減少と致死率は下げ止まっており，そこに現在の水泳教育における水難事故対策の限界が存在するように思われます。すなわち，現在行われている水泳教育に水難事故防止という視点を加えることで，水難事故における犠牲者数と致死率は改善するものと考えられます。

なお，水難事故防止策については現在では着衣水泳が一般的に普及していますが，水難事故防止策として十分であるかについての検討はなされておらず，内容についてもイベント化しているという批判も存在します。水難事故対策としての水泳教育について検討するには，水難事故について十分な分析が不可欠でしょう。

③ 事故分析方法

　事故を分析することは，事故の再発防止，およびそのための教育内容の決定に欠かせないプロセスです。事故分析方法には疫学的要因分析と時系列分析とがあり，それぞれ長所と短所を併せもつ（齋藤・渡邉，2006）ため，事故の様態に合わせて適切なモデルを適用することが望ましいです。水辺活動は，主体（事故者本人），周囲の人間，施設，用具，ルールや手順，気象条件などさまざまな要因がかかわっているため，これらを整理して分析する方法である要因分析が必要です。また，時間的な推移によって危険や被害の程度が変化していくため，時系列的な分析も欠かすことができません。したがって，水辺活動中の事故分析には，要因分析と時系列分析という二つの分析方法を適用することが望ましいです。ハッドンのマトリックスは両者の特徴をもつ代表的な災害理論モデルであり（齋藤・渡邉，2006），水辺活動に限らずスポーツ活動中に発生した事故を分析する方法として適しています（髙橋，2008）。また，事故要因の整理については，スポーツ活動にかかわる要因としてマッチしているため，SHELモデル[4]を適用することが望ましいと考えます。なお，時系列要素は，事故発生前，事故発生時および事故発生後に分類し，それぞれ，事故発生予防，被害発生予防，および被害拡大予防という視点で要因を整理します。なお，事故要因については，SHELモデルを参考に，事例ごとに必要な要因をピックアップして当てはめていくとよいでしょう。

表4-3　ハッドンのマトリックスとSHELモデルを利用した事故分析法

		factors				
		Software ルール，規則	Hardware 施設，用具	Environment 環境，気象条件	Liveware 1 主体	Liveware 2 周囲の人間
phases	事故発生前 事故発生予防					
	事故発生時 被害発生予防					
	事故発生後 被害拡大予防					

④ 水難事故分析

ハッドンのマトリックスとSHELモデルを掛け合わせて事故分析した報告(髙橋, 2009)によると,水難事故は事故発生前の主体(行為者本人；liveware 1)の要因によって発生することが最も多いことが明らかとなっています。次いで,事故発生前における周囲の人間(liveware 2)の要因が多く,作業手順・規則(software),設備・施設(hardware),および環境(environment)の要因が関与することは比較的少ないことが示されています。

より詳細に事故発生要因を見てみると,事故発生前の主体要因では,子どもだけの行動(14件),単独行動(13件),無知・技能不足(13件),用具の不適切使用(9件),悪天候への不適切対応(9件),不適切救助活動(8件),および禁止行為(8件)が主な要因となっています(なお,単独行動については始めから単独で水辺活動をしたものは少なく,集団行動における意図しない単独行動が多い)。また禁止行為とは,遊泳禁止場所,あるいは天候の悪化による遊泳禁止措置下での遊泳のことであり,大人が子どもを連れて事故に遭遇していることが少なくない。遊泳禁止場所はそもそも危険を有しているため遊泳を禁止しているうえ,禁止場所であるが故にライフガードなどの事故対策が十分に施されていないことが多いため,事故が発生すると被害が拡大する可能性が高いと考えられます。

また,事故発生時,すなわち被害発生時の主体要因では,自然の水への対応力不足(17件)が主たる要因となっており,事故発生後の主体要因では泳力・浮漂能力(4件)がそれぞれ被害発生要因と被害拡大要因としてあげられています。

(3) 水辺活動における自己保全能力

① 態度を大切に

安全教育を行ううえで最も重要なことは,「よい態度」の育成(宮田・宇留野・吉田, 1974)です。なぜなら安全に対する知識や技術がいくら優れていても,安全に対する態度が十分でないと事故を起こしやすいからです。実際,禁止行

第4章 授業づくりのポイント

表4-4 ハッドン×SHELによる水難事故分析と事象出現数

事故発生前	Liveware 1 主体		Liveware 2 周囲の人間		Software 作業手順, 規則		Hardware 機械,装置,設備,施設		Environment 環境	
	用具の不適切使用	9	大人不在の子どもだけ	4	安全配慮準備不足	5	立ち入り禁止フェンス不備	3	天候悪化	7
	悪天候への不適切対応	9	大人同行の子どもだけ	8	法制度不備,行政の不作為	4	警報システム不備	2	活動前からの悪天候	5
	単独行動	13	大人のミスリード	3	プール管理マニュアル不備	2	施設の瑕疵	4	鉄砲水・津波	2
	子どもだけの行動	14	無関心	2	過去の教訓周知不足	3	安全対策不備*	9	離岸流	1
	不適切救助活動	8	指導者・引率者の過失	31	安全教育不備	1	その他	1		
	禁止行為	8								
	無知・技能不足	13								
	不注意	2								
	危険への接近	3								
	体調不良	2								
	原因不明	1								
	合 計	82		48		15		19		15

事故発生時	Liveware 1 主体		Liveware 2 周囲の人間		Software 作業手順, 規則		Hardware 機械,装置,設備,施設		Environment 環境	
	自然の水への対応力不足	17	人員確認不足	2	法的規制不備	1	安全対策不備*	8	埋立地のため離岸流が強かった	1
	注意力不足	1	知識・技能不足	4	排水ポンプ緊急停止マニュアル不備	1	冬期にプールの水張りっぱなし	1		
	防護用具の不適切使用	3	不適切救助	3			海面上で人を乗せにくい構造のカヤック	1		
	不適切救助	5	事故発生に気がつかなかった	11						
			事故発生の認識遅れ	6						
	合 計	26		26		2		10		1

事故発生後	Liveware 1 主体		Liveware 2 周囲の人間		Software 作業手順, 規則		Hardware 機械,装置,設備,施設		Environment 環境	
	泳力・浮漂能力	4	監視不備	4			安全対策不備*	7	必要な工作物による救助阻害	1
			行方不明の判断遅れ	4						
			対処行動の誤り	1						
	合 計	4		9		0		7		1

＊遊泳禁止区域のため，そもそも安全対策を講じる必要はない

161

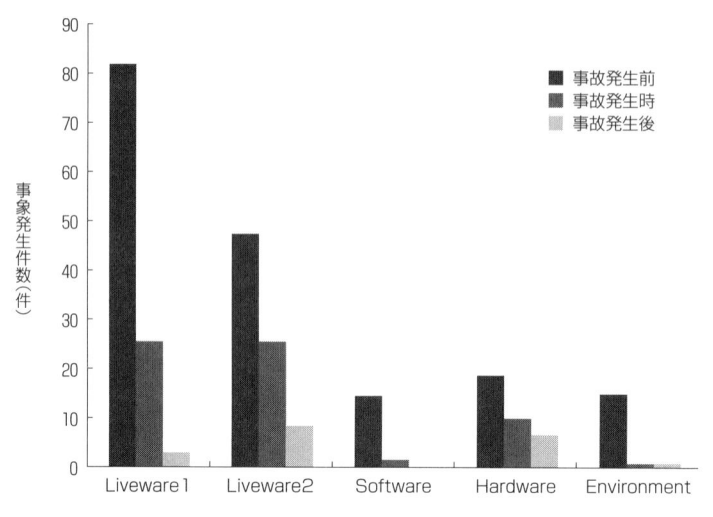

図4-4　水難事故における事象発生件数

為を要因とする水難事故は跡を絶たないため，規範意識の高い小学生期に安全に対するよい態度を身に付けさせることは，現在と将来の水難事故防止という点で非常に重要です。

　また，「禁止」ではなく「安全な方法」を教える（宮田・宇留野・吉田，1974）ことも重要です。2009年には，被害児と一緒に遊んでいた児童数人が溺水事故の発生を周囲に打ち明けなかったとする事件が発生しています。その背景には大人による川遊びに対する禁止と叱責がありました[5]。本件は，禁止や叱責では子どもの危険な行動はコントロールすることはできないことを示唆するものであり，これをコントロールするには「禁止」だけではなく「どうすれば安全に行動できるか」（宮田・宇留野・吉田，1974）という方法を教えるべきです。

　② 自然の水の理解と対処法

　海や河川のことを自然の水泳場といいます。また，自然の水は生きた水ともいわれ，波や流れ，水温の変化があります。水難事故分析の結果から，事故要因として自然の水への対応力不足（17件）が指摘されています（表4-4）。安定した環境である水泳用プールでしか水泳をしたことがない者が，自然の水を

生きた水であると十分に理解することは難しいと考えられます。学校教育においては，臨海学校などによって児童生徒に自然の水を学習させる機会を設けることが望ましいですが，水泳用プールにおいても工夫しだいで自然の水への対処能力を涵養することはできます。具体的にはまず始めに，入水前に水底の状態や水の状態（水温，流れ，透明度など）を確認する習慣を身に付けさせることが重要です。これによって自然の水へ入水する際にも「生きた水」に対する心構えができた状態で入水することができるようになります。

　次に重要な水辺活動上の自己保全法は，体力と体温を保持し，かつ呼吸を確保した状態を維持できる能力を身に付けることです。その点，ライフジャケットの着用は非常に有効です[6]。2005年にはウェットスーツ（保温効果に加え，浮力を有する）を着用した漁師が37km漂流したものの，24時間経過した後に救助された事例がありました[7]。自然の水泳場での活動の際は，万一水難事故が発生したとしても被害の発生を予防する可能性が高いライフジャケットを正しく着用することが望ましいです。また，ライフジャケット未着用であったとしても，体力を浪費しない状態で水面上に浮いて救助を待つことができれば救出される可能性は高くなります。そのためには，背浮きやスカーリング，エレメンタリーバックストローク[8]といった技術を身に付けておく必要があります。

　いずれにしても水難事故防止のためには，実際に水辺活動を実施する以前の準備，すなわちライフジャケットの準備や正しい装着法の習得に加え，浮漂技術や安全に対するよい態度の獲得が不可欠です。学校体育においてこれらを十分に習得させることによって，水難事故死者数と致死率が大幅に改善することが期待できると考えられます。

　　　　　　　　　　　　　　　　　　　　　　　　　　　　（髙橋宗良）

〈註〉
1）インターネット上で公開されている警察白書は昭和48年版が最も古いものであるが，昭和48年版には昭和43年〜48年までの統計が記載されている。
2）犠牲者数：ここでは死者数と行方不明者数の合計とした。
3）致死率＝（犠牲者数）／（犠牲者数＋無事救出者数）×100（％）
　1974〜1978については無事救出者数が公開されていないため，致死率が抜けている。
4）SHELモデルとは疫学的要因分析法の一つであり，事故要因を作業手順（Software），設備・施設

(Hardware），環境（Environment），主体（Liveware）に分類して分析するモデルである。
5）「同級生の水死事故『しかられる』と知らせず」2009年9月6日22時25分配信『読売新聞』（http://headlines.yahoo.co.jp/hl?a＝20090906-00000626-yom-soci,2009.10.8）。児童らによると「以前，川で遊んで叱られた。また叱られるのが怖かった」ため溺水事故を周囲に知らせなかったとしている。
6）海上保安庁による海中転落事故の調査では，ライフジャケット着用者の生存率が81％であるのに対し，未着用の場合には28％であった（海上保安庁「プレジャーボート等に対する積極的指導・取締り及びマリンレジャー活動に係る夏季安全推進活動の実施について」（http://www.kaiho.mlit.go.jp/05kanku/honbu/topics/07summer.htm，2011.4.25））。
7）「熱海の40歳漁師館山沖で救助」『毎日新聞』2005.6.29
8）エレメンタリーバックストロークとは，背浮きの状態で手足を同時に脚方向に動かし推進力を得る泳法であり，安全水泳上有効な泳法とされている。

〈参考文献〉
『広辞苑』（第5版），岩波書店
吉田榮一朗，柏茂夫（1972）『学級指導における安全指導の展開』帝国地方行政学会，pp.9-12
警察庁ホームページ：http://www.npa.go.jp/hakusyo/index.htm 2011.4.20
土居陽治郎，下永田修二（2009）「学校プール建設の歴史と学校体育における水泳教育の変遷」『国際武道大学紀要』5：31-41
齋藤歖能，渡邉正樹（2006）『学校安全と危機管理』大修館書店，pp.6-7
髙橋宗良（2008）「スポーツ活動中の事故分析について」『トレーニング・ジャーナル』349：70-74
髙橋宗良（2009）「ハッドンのマトリックスおよびSHELモデルを用いた水難事故分析」『学校教育学研究論集』19：69-82
宮田丈夫，宇留野藤雄，吉田榮一朗 編（1974）『学校安全事典』第一法規出版．p.575

6 水泳の授業はこうやって観察をする

(1) はじめに

　水泳学習の観察を考えるにあたり，最初に理解しておかなければならないことがあります。それは水泳が他の運動と違って水中という非日常の状況で行うことに伴う特殊性です。水泳のもつ特性・魅力といってよいと思います。

　本項の主たる目的ではありませんが，水泳の観察にも関連することから，はじめにその特殊性について考えてみたいと思います。

〈水の特性〉

　空気に比べて水の密度ははるかに大きいことから，水中では大きな抵抗を受けます。熱の伝導率も高いことから，皮膚感覚がより敏感になり，特に動きの少ない初心者にとっては冷感が大きいことも理解しておくことが必要です。また浮力のはたらきにより，重心が不安定になります。なにより，空気中では無意識に行っている呼吸も意識して行う必要があり，うまくできない場合には生命の危機に直結します。こうした水の特性は，多くの場合「怖さ」につながります。

〈水泳の魅力〉

　水の特性は特に初心者にとっては「怖さ」として作用しますが，一方でその怖さを克服したとき，そうした水の特性が楽しさへと変化していき，水泳の魅力となることは周知のとおりです。この一連の変化は「克服」→「達成・競争」の楽しさとしてとらえられ，「水遊び」→「浮く・泳ぐ」→「水泳」という学習指導要領の内容にも対応しています。

〈水泳学習での監視と観察〉

　水中での運動は重大事故につながる可能性が高く，水泳学習では子どもの安全管理のあり方が厳しく問われ，「監視」活動が重要になります。水泳学習の

165

監視と観察は目的からして大きく違いますが，監視が水泳学習を根本で支える重要な行為であることから，基本的な留意点だけは述べておきたいと思います。
　1）水上（プールサイド）と水中の両方から監視する
　2）死角がないように位置取りをする
　3）プールに「入る・出る」活動ごとに人数確認を行う
　4）指導者だけでなく学習者の発達段階に応じて，共同して安全確認を行う
　5）緊急時の対応について，指導者間で役割分担を明確にしておく
　その他，水温や気温については器具での確認だけではなく，指導者が実際にプールに入って感覚的にとらえることが重要です。

(2) 水泳学習の観察

　水泳学習では，子どもたちはいきなり「泳ぐ」ことはありえず，水に慣れ・親しむことから始まり，段階を経て「泳ぐ」ことができるようになります。

〈水遊び〉

　子どもがはじめて水とであう段階（水遊び）は，以後の水泳学習の成否を分ける重要な段階といえます。ここでは子どもが水を怖がらずに「水と親しんでいるか」を中心に観察することになります。

　水遊びの段階の子どもを観察する場合には，子どもたちが水に対する怖さを克服して，楽しく水に慣れ親しんでいるかを観察することが重要です。そこでは大きな「歓声」があり，溢れんばかりの「笑顔」が見られるはずです。また「○○ができた！」と得意げに話す子どもの姿が見られるかもしれません。

　一方で，顔に水がふれることを嫌い，表情を強ばらせ，動きの少ない子どもたちがいるはずです。水遊びの段階での観察では，なによりそうした消極的な態度の子どもを見つけて，個別に対応をすることが重要になります。

〈浮く・泳ぐ〉

　十分に水に慣れ親しんだ子どもたちは自ずと「浮く・泳ぐ」ことへと興味・関心を向けていきます。

　この段階では，子どもがけ伸びや伏し浮きなどのときに「脱力」できている

かを中心に観察することが大切です。「脱力」状態にある子どもはプールの波動と一体となって漂うように見え，比較的長い時間そうした姿勢を維持できるはずです。一方，むだな力が入っている子どもは，動きがぎこちなく，浮いたり進んだりする距離や時間も短くなりがちです。

〈水泳〉

　水に慣れ親しみ，「浮く・泳ぐ」ことを楽しんだ子どもは自ずと各種の泳法を身に付けようとするでしょう。

　一般的に，泳法指導場面では，手足の動作や呼吸とのコンビネーションなどの技術的なポイントを中心に観察することが多いと思います。また，子どもたちの運動（泳ぎ）を距離やタイムに照らして観察・評価しようとすることは，客観的に基準が示されることからそれほど難しいことではありません。なぜなら，外観可能な子どもの運動（動き）だけを観察対象としているからです。

　しかし，子どもたちの「感じ」や「気づき」を大切にする体育授業では，個別的・内面的な子どもの動きを大切にしたいと考えています。つまり，子どもの感覚的な側面（どのような動きの「感じ」や「気づき」を体感しているか）を観察することが重要になります。ただ，きわめて主観的である個人の感覚は外側から直接みることができません。

　以下に記述する内容は，観察の仕方（どのように見るか）に重きをおいた内容であり，「すぐに」役立つ内容とは言えないかもしれません。しかし，「観察」という行為をあらためて考えてみることで，水泳授業の観察という限定された事象にとどまらず，ひろく子ども理解を進める一助になるものと思います。

（3）視座と注視点

　本項では，水泳の「観察」という行為について，「視点」という概念をもとに考えてみたいと思います。観察という行為には，「どこから」観察するかという「位置（視座）」にかかわる側面と「何を」観察するかという「対象（注視点）」にかかわる側面があります。

　言うまでもなく「観察」という行為は，観察者の感覚器としての眼球，すな

わち「視点」の活動に支えられています。

　上野(1996)は，人間の日常の見るという行為について，「視点がぶれる」「視点が定まらない」という表現にみられるように，われわれは対象を見るためには固定された視点（スナップショットモデル）が必要だと考える傾向が強いと指摘しています。しかし，実際にはミクロの眼球運動レベルだけでなく，マクロのレベルにおいても視点を動かしつつ見る（流動モデル）ことで，対象をよりよく理解できるとしています。

　つまり，見るということは，基本的には視点を動かしつつ見るということになります。視点を動かすことにより，そのつど見えるものは「変化」していきますが，結果的には，連続した「変化」の中から見ているものを認識することになります。逆説的ですが，見るということは，「変化」から「不変」を生成する行為であるといえます。

　「視点」について佐伯(1992)は，「どこから」見ているかという「視座」と「どこを」見ているかという「注視点」に分けて考えられるとしています。先の上野の記述は，「視座」に関する問題です。

　体育の観察でいえば，教師がどのような位置から対象を見るかということが「視座」にかかわる問題であり，教師が何に注目して観察するのかということが「注視点」の問題といえます。

(4) 視点の動かし方

　観察対象を認識しようとする場合，視点の動かし方には，「包囲型」と「湧き出し型」の二つがあります。

　「包囲型」の視点移動とは，「一つの認識対象のまわりをくまなく，隙間なく，連続的に包囲する動かし方」です。観察者自身の分身を対象へ派遣（行ってみて）して，いろいろな側面から対象を眺めてみることで観察対象をよりよく理解しようとします。

　「湧き出し型」は，認識対象になりきり，「そのモノ自体の活動として次々と視点を発生させ，湧き出させる」動かし方です。対象へ派遣した自己の分身が，

対象そのものに「なってみる」ことにより，観察対象を理解しようとする方法です。

　これからの体育授業においては，単に運動が「できる」ということが重要なのではなく，子どもが運動の両極（できる／できない）の狭間で，行きつ戻りつしながら，自己の身体感覚を通して，動く「感じ」のおもしろさを堪能し，学ぶことの意味を内面化していく過程こそが重要だと考えています。

　ですから，水泳運動の観察においては，子どもが動きの「おもしろさ」をどんなふうに感じているのか，友だちとのかかわりの中で，どのような「気づき」があるのかという子どもの内面をわかろうとすることが重要になってきます。そこでの観察内容は努めて個別的・個性的です。

(5) 水泳の観察と視点移動

　先の上野や佐伯の言説を敷衍すれば，水泳では以下のように観察することが重要だと考えます。

　「視座（どこから）」としての視点を動かすとは，直接的には教師の見る位置を変えることといえます。

　例えば，プールサイドから全体を見渡してみることで，集団全体の水泳に対する意欲や技能レベルをとらえるだけでなく，学習への取り組みに停滞感が感じられるグループや個人がよりわかりやすくなるでしょう。その結果，こんどはそうした子どもたちへ「視点」を焦点化することで，より詳しい情報を得ることができると思います。ただし，水泳ではプールサイドからだけの観察ではとらえられない水中の動きがあります。プールサイドからの観察とともに，水に入って子どもの動きを観察することも必要になります。

　そうすることで，それまで気づかなかった思わぬ世界が広がることもあると思います。子どもによっては身長との関係で水深が予想外に深い，感覚的な水温が予想外に低いなどということに気づくかもしれません。

　このように，教師が意図的に「視座」としての視点を変化させることで，新しい発見が生まれる可能性が高まります。

意図的に視座を変えることとともに，対象をどのように観察するのかという視点移動の方法に関することも重要です。
　指摘するまでもなく，水泳の主たる観察対象は学習者である子どもたちです。教師は観察によりさまざまな情報を得ようとします。よって，そこでの観察という行為は意図的で能動的でなければなりません。
　包囲型の視点移動とは，観察事象を複数の視点から見ることといえます。
　例えば，伏し浮きの学習場面で観察対象とする子どもの内面を理解するために，ペアの相手との交わり方や子どもの身体の動きだけでなく，顔の表情や目の輝き，声の張りや大きさなど，子どものあらゆる側面に注目し，意図的に情報を収集することといえます。
　仲間との交わりは活発であるか，脇目も振らずに泳ぎに没頭しているか，キラキラ輝く目をしているか，繰り返し泳ぎに取り組んでいるか，等々。
　自己の身体感覚を拠りどころに，動きの感じにおもしろさを感じている子どもは，喜々とした表情で，繰り返し「もぐったり」「泳いだり」することを試すことでしょう。仲間と話し合う声にも張りがあるでしょう。一方，おもしろさを十分に体感できない子どもの動きは消極的で，強ばった表情をしているのではないでしょうか。
　以上のように，教師は子どもをめぐるあらゆる事象に対して，意図的に視点を移動させることが必要です。
　一方，湧き出し型の視点移動とは，観察事象の内側に入り込み，そのモノになりきって次々に視点を発生させることでした。
　例えば，け伸びの指導場面で，うまく伸びがとれずにすぐに立ってしまう子どもになりきって，つまり視点を観察対象とする子ども自身の内側に置いて，いろいろと思考をめぐらせることといえます。
　「なぜすぐに立ってしまうのだろう」「一度沈み込んでから壁をければよいのだろうか」「余分な力が入っているのかもしれない」。あるいは喜々として取り組んでいる子どもを見て，「○○君に見てもらったらうまく進むことができた」「なんとなくコツがわかったような気がする」のように，子どもの立場になり

きって観察することといえます。

(6) 観察能力を高める

　意図的な視点移動によって得た多くの観察結果は，水泳に取り組む子どもの内面的な世界（「感じ」や「気づき」）を評価する貴重な情報となるでしょう。
　ところで，観察から得た子どもの内面に関する情報が必ずしも実際の子どもの内面状態と一致するとはかぎりません。そうしたズレを少なくするために，子どものつぶやきや授業後の感想などとつき合わせ，教師の視点移動から得た観察情報とのズレを吟味することも必要です。そうした積み重ねが，教師の観察能力を高めるとともに，子どもとのコミュニケーションの機会を増やし，より深い子ども理解へとつながるものと考えています。　　　　　（森　博文）

〈参考文献〉
佐伯胖（1992）『イメージ化による知識と学習』東洋館出版社，pp.205-240
宮崎清孝・上野直樹（1996）『視点』東京大学出版会，pp.35-56

7 学習材（教材）開発はこうやって行う！

(1)「感じ」と「気づき」を大切にした学習材（教材）開発

　本項では，「感じ」と「気づき」を大切にした水泳系領域の学習材（教材）開発における基本的な考え方を述べていきます。

　「感じ」と「気づき」を大切にした水泳の学習材（教材）開発において大切なことは，子どもたちに水の中でどんな「感じ」を味わわせたいのか，ということを教師が明確に把握しておくということです。具体的には，本書の第3章「『水泳』の授業実践」の「1．探求したい動きのおもしろさ」にあがってくる内容です。常にこの「探求したい動きのおもしろさ」を思考の中心に据えながら，学習材（教材）開発や実際の授業に臨むことをおすすめします。

　水泳を行うプールは，陸上とは全く異なる環境です。常に水という自然物が体に密着することで「浮力」や「抵抗」など日常では味わえない感覚とであうことができます。教師自らの経験や，子どもたちの様子などから具体的に「探求したい動きのおもしろさ」を考えていきます。ここが学習材（教材）開発のスタート地点となります。

　この点は，段階的な泳法指導のための学習材（教材）開発とは大きく考え方が異なります。つまり，何メートル泳ぐことができたかという「記録」や正しいクロールや平泳ぎをマスターしようといった「技能」指導ではなく，子どもたちがその運動のおもしろい「感じ」を体感し，「もっとその感じを探求したい」と思わせることが，この学習材（教材）開発の大前提となってくるのです。

　誤解のないように付け加えますが，決して水泳における技能を軽んじているというわけではありません。私は，子どもたちがその運動のおもしろい「感じ」を探求していくプロセスに学ばせたい技能が埋め込まれていると考えています。そして，子どもたちが「もっと」おもしろい「感じ」を探求していきたいとき

に「近代泳法」をはじめとする技能が必要になってくるのだと思います。そのためにも教師は，基本的な技能指導のポイントを押さえておく必要があります。そして，実際の授業場面で子どもの動きを見取り，必要なときに的確な技能指導を行うことでより効果が上がると考えています。

　このような考えを踏まえ「探求したい動きのおもしろさ」を中核に据えた学習材（教材）開発に取り組んでほしいと考えています。そのためにも先に述べた「探求したい動きのおもしろさ」を綿密に考えておきます。私は，学年に応じた「探求したい動きのおもしろさ」をテーマと呼んで子どもたちに投げかけています。例えば，単元計画時には，テーマを「浮く」「沈む」「勢い」「進む」など大まかに考えておきます。このテーマは子どもたちと共感しながら探求していくのが望ましいです。そのなかで，もう少し深めたいという手ごたえを感じることができたり，ちょっと違うなと感じたりすることがあります。その場でテーマを修正することも可能ですし，具体的な言葉を付け加えることもできます。そのようにテーマを見直すことは，次時の展開を考えることにもつながります。事前の授業案を変更することをおそれず，目の前の子どもの様子から柔軟に対応できる授業を心がけたいです。

　学習指導要領では，水泳系の領域名が「水遊び」→「浮く・泳ぐ運動」→「水泳」へと発展した形で変化しています。これにならい，テーマも大まかな見通しとして，「浮いたり沈んだりするおもしろさ」を味わうことから「進むおもしろさ」へと子どもたちの志向が向かうような設定を意識するとよいでしょう。

　「探求したい動きのおもしろさ」が決まってくると「おもしろさ」を感じる工夫を考えます。つまり，具体的な手だてです。どのような場や人数でどんな活動を行うかということを考えていきます。高学年であれば直接テーマを投げかけ深めていくことも可能ですが，低学年であれば楽しい活動の中で「おもしろさ」にふれられるというのが望ましいです。

　しかし，子どもたちが，授業の中で「探求したい動きのおもしろさ」に十分にふれ，活動を充実させているように教師が感じても，振り返りを行わずに活動が終わっては，学びは深まったとはいえません。そこで，「気づき」を意識

化する手だてを考えておきます。一緒に活動できる場面では，子どもの動きの感じに共感し「気づき」を促す問いかけを行うのもよいでしょう。教師が小さな動きを取り上げることで「気づき」へ変わる場合もあります。いま何をしようとしていたのか，何を感じようとしていたのか，ということを言語化し，子どもたちに振り返ることを促します。「いま，どんな感じがしたのかな？」「これは〇〇な感じがするね」というやりとりを通して子どもは自分の動きに意味を感じたり，次時へのめあてが見えてきたりすることがあります。

　また，最後の振り返りにもひと工夫が必要です。その場でワークシートにまとめることは，水泳の授業では難しいです。例えば，自分の「一番おもしろかった感じ」を振り返り，その「動き」でまとめるというのはいかがでしょうか。一人ひとりが黙って目を閉じ，その日の活動を振り返ります。子どもたちは自分の中で静かに活動を内観します。教師は「最後に，一番おもしろかった動きでまとめよう」と投げかけ，それぞれが一番おもしろかった動きを行い，活動を終えます。特に高学年には適した方法だと考えています。

　さて，授業中はテーマに沿って活動を進めるということを述べてきましたが，子どもたちの中には，夢中になるがゆえにテーマから外れていく動きも見受けられます。そのようなときには「テーマは〇〇だよね」という声かけを行うなどの「テーマへのゆり戻し」が必要になってきます。そのためにも教師は子どもの動きをしっかりと見取り，そのつどその場で意味づけを行うことが必要になります。また，活動の流れの中で，全体で取り上げたい動きや個別に褒めたい子も出てきます。「どんな動きを選ぶか」「どんな子に声をかけるか」は，あらかじめイメージしておくとよいです。そのような具体的な子どもの姿を考える手助けとなるのが，本書の第3章「『水泳』の授業実践」の「4　学びを見取るための視点（評価規準）」です。クラスの実態や単元のねらいに応じて作成しておくと，子どもを見るまなざしが定まってきます。この表を授業で本当に生かせるかは実際に活動を行ってみなければわかりません。授業を進めながら修正することも大切です。また，事前に視点を作成する過程で行き詰まる部分は，実際の授業でも視点がぶれる部分だと予想されます。手間がかかっても

作成しておくことで，自分の中でどのように子どもを見取るか整理することができます。また，授業後には自分の進め方を評価（反省）する材料にもなります。

授業中の教師の役割について述べると，教師は学びの「気づき」を意識化へ促す「橋渡し役」になります。活動中の問いかけ，価値づけなどを的確に行うには，子どもの様子をしっかり把握し，共に参加していることが大切です。ここが教師の腕の見せどころとなります。

さて，ここまでは，全体の流れをどのように構想していくかということを述べてきましたが，水泳の授業には場の使い方も大変重要になってきます。安全を確保しておくことは言うまでもありませんが，場を工夫することを学習材（教材）開発と関連させて計画しておくと，よりスムーズに授業が展開できます。

例えば，子どもたちを集める場所や隊形をあらかじめ決めておきます。私は水中での動きを見せたいと考え，プールの底に引いてあるラインを集合場所にすることもあります。そこに集まったときには「せーの」と全員で水中にもぐり，水中で動く友だちの様子を見合うことも行っています。また，プールサイドに集めるときは，「プールの隅」に集めるようにします。そこで，斜めに泳がせることで，どの子にも見えやすくする工夫をしています。また，メインの活動をプールの縦（距離の長い方向）で行うのか横（距離の短い方向）で行うのかということも重要なポイントであると考えます。「もぐって進んでみよう」と投げかけたところで，縦の長い距離では技能的にも体力的にも苦しいです。また「どんどん泳ごう」という場合は，横の短い距離では物足りない子がたくさん出ることは予想できます。場をどのようにして使うかということを考えておくことは学習材（教材）開発には欠かせないところです。

さて，水泳系の領域は小学校1・2年生では「水遊び」，3・4年生では「浮く・泳ぐ運動」，5・6年生では「水泳」という名称になっています。学習材（教材）開発に関する基本的な考え方は変わりませんが，発達段階によって授業づくりの視点が若干異なってきます。次項では，各学年の学習材（教材）開発について説明していきます。

(2) 低学年

① 基本的な考え方

　低学年は，まだ体も小さく小学校の大きなプールそのものへ抵抗感を感じている子も少なくないでしょう。この時期は全員が安心して参加でき，そのなかで十分に水の心地よさを味わえるような活動が必要です。学習材（教材）開発に際しても，決して無理のない内容を設定し，「水が嫌い」という思いをもたせないように心がけたいです。

　『小学校学習指導要領解説 体育編』（文部科学省，2008）では，低学年の「水遊び」と中学年の「浮く・泳ぐ運動」について「水中を動き回ったり，もぐったり，浮いたりする心地よさを楽しむ運動である。それぞれの児童の能力にふさわしい課題に挑み，活動を通して水の特性について知り，水に慣れ親しむことで，課題を達成する喜びを味わうことができる運動である」と説明しています。

　低・中学年では，運動の楽しさや心地よさを十分に味わうことを意識したいです。水中を「動き回る感じ」や「もぐる感じ」「浮く感じ」のおもしろさを味わう活動を通して，水の特性である「浮力」や「抵抗」などを感じられるような活動が求められます。その動きのおもしろい「感じ」を探求していく過程で心地よさが味わえる学習材（教材）開発が必要とされています。

　さらに学習指導に関しては「仲間との競争やいろいろな課題に取り組むことで学習を進めながら，水に親しむことや浮いたり泳いだりすることの楽しさや心地よさを味わうことができるようにすることが大切である。そうした指導を通して，技能面では，水にもぐることや浮くこと，泳ぐための手や足の動きを身に付けることが重要な課題になる」と述べられています。

　低学年期の子どもにとっても，動きのおもしろさを探求する過程に埋め込まれた技能を見取っていく視点を教師は持ち合わせる必要があります。

② シンプルな活動から始めよう！

　まずは，苦手に感じている子も楽しんで参加でき，水の心地よさを十分に味わえる活動を用意したいです。例えば，「かけっこ」や「鬼ごっこ」など，な

るべくシンプルな活動からスタートしてはいかがでしょうか。自然に顔に水がかかるような活動で，しかも体をたっぷり動かすことができます。シンプルな設定にすることで全員が無理なく参加することができます。また，子どもたちの手で工夫する余地があるので，子どもの側から生まれた課題を探求することができます。学習材（教材）開発や実際の指導場面では，あらかじめ細かく計画された活動に子どもを合わせるのではなく，「子どもに計画を合わせる設定」を意識したいです。しかし，小学校での既習経験のない1年生にとっては，学び方や進め方をていねいに教師がリードする必要があります。単元の後半になり自分たちで運動の楽しさをひろげられるようになるとよいです。

　注意したいのは，(1)でも述べたように，その活動の中でどんな「感じ」を味わわせたいのかを常に教師が明確にしておくことです。ただ楽しく活動していればよいということになると，「気づき」から意識化への「橋渡し」もできませんし，テーマから外れても「ゆり戻し」ができません。特に低学年の子どもたちは，活動のおもしろさに流されて，本来のテーマから逸れていく場面も見受けられます。教師は，常にテーマを頭に入れて学習材（教材）開発を行い，実際の授業でも意識しながら子どもたちとともに参加してもらいたいです。

　③　活動に夢中になる姿から「技能」を見取ろう！

　「動き」についての考え方について述べます。子どもたちは，活動の中でさまざまな心地よさを味わいながら，動き方も洗練させています。例えば，プールで「鬼ごっこ」を行った場合を想像してください。プールでは水の抵抗があるために思うように動けません。そこで，子どもたちはより速く走ろうと自然に「手で水をかく」ことを行います。これは「泳ぐ」ことに必要な技能の一つだととらえられます。そして，自然と泳ぐように逃げる子が出てきます。また，鬼に見つからないように「もぐる」子も出てきます。さらに，潜水するように進む子も出てきます。このように鬼ごっこを楽しむなかに泳ぐための技能がふんだんに埋め込まれています。子どもたちは，活動に必要な動きを繰り返す過程で動きを「洗練」させていくのです。教師は活動の中でその動きを見取り，全体や個人にフィードバックすることで子どもたちに意識化されるのだと考えます。

177

④ 柔軟な学習形態を用意する

　学習形態については，本書第1章「5　動きの『感じ』と『気づき』を大切にする『水泳』の展開」でも取り上げられているとおり，ペアやトリオ，少人数のグループなどさまざまに考えられます。特に一つの形態に固定することはおすすめしません。安全面を考慮しつつ，活動に応じた学習形態が選択できればよいと考えます。例えば，浮いている感じや心地よさを味わう活動の場合は2人組で行うことが考えられます。最初はおんぶをして進むことから始め，徐々に接触する部分を少なくし，水に身を委ねていきます。グループになったときには「いかだ渡し」のような活動に発展させることもできます。また，4人グループでは簡単な遊びを考えてみたり，ルールを工夫したりすることができます。用具を使ったコースづくりもできるかもしれません。

　学びをよりひろげていくには，自分たちで「お店屋さん」を開き，他のグループに紹介するという方法も効果的です。このような手法をワークショップ形式の授業と呼びますが，このワークショップ形式の授業は低学年にとってなじみやすいと考えます。実際に援用する場合には，常にテーマから外れないように声をかける必要があります。特に低学年の活動では，工夫する場や用具を制限するなど，テーマに向き合えるような配慮が必要になります。

　繰り返しになりますが，この時期に大切にしたいのは，「水の心地よさ」「水の感じのおもしろさ」を十分に味わう活動を取り入れるということです。すでに近代泳法を習得している子も少なからずいると思いますが，そのような子どもたちにも，さまざまな動きの感じを味わうことは大切なことだと考えています。

(3) 中学年

　① 高学年への橋渡しを意識して

　平成20年に改訂された学習指導要領では，これまで4年生から扱われていた「クロール」や「平泳ぎ」といった近代泳法は，高学年から扱うことになりました。高学年への発展を考えると，中学年で行う「浮く・泳ぐ運動」が担う役割は重要です。

『小学校学習指導要領解説　体育編』の高学年「水泳」の記述にも，「心地よく泳いだり距離を伸ばしたりすることに楽しさや喜びを味わうことができる運動である。このような楽しさや喜びを味わうには，水遊びなどで水に慣れ親しむことや，水に浮く・泳ぐなどの経験を十分にしておくことが大切である」と書かれ，低・中学年期の経験が大切なことが述べられています。

　そこで，中学年期には，水の中で感じられるさまざまな心地よさを大切にしながら，高学年に向けて「効率よく進む感じ」を意識した学習材（教材）開発を心がけたいと考えています。

　② 教師は適切な介入を！

　学習材（教材）開発に関する基本的な考え方は低学年の項で述べてきたことを踏襲します。しかし，低学年で行ってきたような活動を単調に繰り返すだけでは，子どもたちの欲求は満たされません。よりダイナミックな工夫を自分たちの手で行える中学年でも，低学年同様，シンプルな遊びを提示することから始めますが，より子どもたちの手で工夫できるように進めていきます。授業では，子どもたちは自然に遊びを工夫し始めます。なかなか工夫が発生してこないこともありますが，その理由の一つに，「遊びが足りていない」ことが考えられます。教師は子どもが飽きるのをおそれ，活動の切り替えをめまぐるしく行うことがあります。少し我慢して活動が進展することを待つのも一つの方法です。

　工夫が始まらない他の理由として「どうしてよいのかわからず停滞している」ことが考えられます。そのような場合は，必要に応じて教師がグループの活動に参加するということも効果的です。教師が意図的に引き出したいアイデアを示すことや言葉でアドバイスを送るのです。教師の適切な介入で活動が促進することはよくあります。しかし，このような即興的な対応は事前の計画がしっかりとできていなければできないことです。学習材（教材）開発を行う際には，子どもを見取る視点をじっくりと考え，子どもの学びの姿をイメージしておくことが大切です。そうすることで適切な介入が可能になると考えます。

　③ 高学年を意識したテーマ設定を心がけよう！

　学習形態としては，先に紹介したワークショップ形式が，中学年でも効果的

に活用できるでしょう。他のグループに紹介することで遊びを深めることができたり，自分たちが気づかなかった「感じ」を発見したりすることができます。また低学年での既習経験があるため，工夫の幅はさらにひろがり，よい意味で意見の対立なども起こることが予想されます。そして，より複雑な挑戦課題を志向し，「泳ぎたい」という欲求も高まるものと考えます。

しかし，テーマを設定する際には，低学年との違いを意識するようにしたいです。高学年につなげることを考えると，学習指導要領の内容のうち『小学校学習指導要領解説 体育編』に「技能」として整理されているものを手がかりにすることで，テーマ設定のヒントが見えてきそうです。学習指導要領には，次のように書かれています。

(低学年の「技能」)
ア　水に慣れる遊びでは，水につかったり移動したりすること。
イ　浮く・もぐる遊びでは，水に浮いたりもぐったり，水中で息を吐いたりすること。

(中学年の「技能」)
ア　浮く運動では，いろいろな浮き方やけ伸びをすること。
イ　泳ぐ運動では，補助具を使ってのキックやストローク，呼吸をしながらの初歩的な泳ぎをすること。

中学年では具体的に「浮き方」や「け伸び」「呼吸をしながらの初歩的な泳ぎ」などプールの底から足を離した状態の技能が記されています。これまでのように浮いたり，移動したり，もぐったりしながら，体を動かして楽しんでいた時期から比べると，当然ですが，やや高度なことが内容にあがってきます。

④　場やテーマの工夫を！

中学年の学習材（教材）開発では，先に述べた技能面を意識したテーマの設定や，テーマに向き合えるような場の工夫が求められます。

例えば，「流れるプール」のように水流を起こすことも効果的です。流れるプールは授業の中でよく用いられますし，読者の中でも体験された方が多いのではないでしょうか。上手に力が抜ける子は，「スウーッ」と水に溶け込んでいるように流されていきます。また，逆回しをすることで水の抵抗を体感することができるなど，多様な感覚が味わえる場となっています。

　しかし，ここで注意したいのは「流れるプール」はテーマに沿っているかということです。単に「楽しいからやろう」ではいけません。意図をもって学習材（教材）を開発しているのですから，そこでふれさせたい動きの「感じ」をあらかじめ教師が考えておく必要があります。「流れるプール」では，水流に乗る感じやもぐっていく感じ，スウーッと伸びていく感じなどが味わえると考えます。そして授業場面では「どんな感じがしたか」を問いかけることを通して子どもたちにテーマを意識させていきます。子どもたちは，テーマを意識することで「気づき」が促されます。また，教師によって動きを意味づけられることで，もう一度「感じ」を味わおうと動きを再度試します。そのような過程を通して動きを洗練させていくのだと思います。そして，教師がその過程を見取り，全体で取り上げたい動きを意識し，ひろめていくことも大切になります。

　例えば，「け伸び」を意識して授業をつくっていく場合，気をつけたいのは，『小学校学習指導要領解説 体育編』でも述べられていますが，「水に慣れ親しむことや浮いたり泳いだりすることの楽しさや心地よさを味わう」過程から技能面を考えていくことです。け伸びの距離を競うことを前面に押し出すのではなく，け伸びをしながらどのような「感じ」を味わい，そのなかでどんな「気づき」が生まれているのかを大切に見取ってほしいのです。ここでも教師による「気づき」を意識化させる手だてが必要になってきます。特に中学年では，近代泳法につながる動きを取り上げることに意識をおくことも大切です。4年生では，クロールや平泳ぎでどんどん進みたいという欲求に応じるテーマを設定してもよいと思います。

　ただし，繰り返し主張しますが，「泳法」や「記録」ありきの水泳の授業ではなく，「感じ」と「気づき」を大切にした授業づくりを行っていただきた

と思います。高学年につながるという意味で，中学年での経験は大切です。

(4) 高学年

① 実態に応じたテーマ設定を心がけよう！

　学習材（教材）開発に際しての基本的な考え方は，中学年までの内容と同じです。

　大きく異なるのは，学習指導要領からも読み取れるとおり，内容に「クロール」や「平泳ぎ」という近代泳法が出てくることです。

　子どもたちのなかには当然，個人差もあります。苦手意識を強くもっているため「泳ぎたくない」と考えている子もいると思います。逆に「どんどん泳ぎたい」という欲求をもっている子もたくさんいると考えられます。実態をしっかりととらえるという意味でも，最初の1時間で「どのような欲求があるのか」ということを把握しておくことが大切になります。その点を踏まえて計画を子どもの実態に合わせながら再度練り直し，「探求したいおもしろさ」にふれる過程で，どのように技能面を取り上げていくかを考えてほしいと思います。技能差がより見えやすくなる高学年では，進め方をある程度子どもたちに任せながらも，テーマに迫るため（探求したい動きのおもしろさにふれるため）の手だてとして場の工夫がやはり必要になってくるのです。

② 具体的な進め方として

　私が行った高学年の授業では，テーマを「効率よく進む感じ」や「心地よく進む感じ」「もぐっていく感じ」など「移動」を中心に考えました。さらにテーマを探求する過程で「自分なりの感じ」ということを意識させるように心がけました。自分には自分の感じ方があるということを拠りどころとしたいのです。

　また，単元の後半には「どんどん進もう」というコースを設け，クロールや平泳ぎで泳ぎたい子の探求の場をつくりました。そのなかで技能指導を行っていきます。授業中には「教えてほしい」「補助してほしい」という教師の指導を求める声も聞かれました。そのようなときに必要感をもった技能指導が可能になります。

腰かけ台があるプールでは，腰かけ台を利用して「勢い」を感じることもできます。私が行った授業では，腰かけ台から勢いよく水に入る活動を行いました。小学校学習指導要領の高学年の「内容の取扱い」では，水中からのスタートを指導するように示されていますが，腰かけ台に座ったりしゃがんだりするなど安全に留意し，実施しました。約束として，グループごとの場所を決め，自分たちのタイミングで何度でも行ってよいことを決めました。グループの子と入水のタイミングをそろえることにおもしろさを感じる子や距離に挑戦しようとそのまま潜水を始める子など，さまざまに挑戦課題を変えながら活動を行う姿が見られました。その様子を見ていた教師から「このクラスには泳げない子がいないのですか？」と聞かれました。確かにグループごとの場を設け，自分たちのタイミングで入水を繰り返していると，誰が苦手なのかが見えにくいのです。そのときのクラスにも泳げない子が何人かいました。しかし，その子たちも「勢いよくプールに入る」という動きの感じを何度も味わっていました。そのうちの一人の子は，授業の終盤になると自然と潜水を行い，気持ちよく進んでいる様子が見取れました。
　自分のペースでテーマに向き合える環境は大切です。探求したいテーマごとに選択できるような場の工夫も特に高学年にとっては重要です。
　③　こだわりをもって探求できる子に！
　高学年という発達段階から考えると，自分でもっと探求したい動きにこだわりながら深めていくことができます。そして，これまで以上に学習を自分たちの手で進めていくことが可能になります。それには，テーマをしっかりと把握していることが前提になりますし，教師のかかわりも必要です。子どもたちにどこまで任せるかを見極めながら進める分，学習を共につくりあげていく過程は，これまで以上に難しくなります。そのためにも事前の計画をしっかりと立て，テーマがぶれないように教師も子どもも常に意識しておくことが大切になります。
　また，高学年は自分の「感じ」を実感としてとらえることができるようになり，言葉で表現することもできます。そして，互いに感じたことを交流させることも可能になります。「より効率的に進める方法は何か？」ぜひ言語による

交流も意識し，より洗練された動きを探求できるような学習材（教材）開発を進めていただきたいです。
(石塚　諭)

〈参考・引用文献〉
細江文利編著（2006）『心と身体をつむぐ体育　水泳・表現運動』小学館

ちょっと一息

集団的実践としての「水泳」

　水泳というと個人種目のイメージが強く，集団的実践とは相反するように感じませんか？　水泳の領域において集団的実践という言葉を用いると，シンクロナイズド・スイミングやリレーのようなアクティビティを思い描きませんか？　特に小学校中学年以降からは，個人種目として泳法を構造的に分析し，スモールステップ方式で，その泳法技術を段階的にマスターしていくスタイルをとっている学校も少なくないと思います。しかし，その泳法技術というものは，映像や図絵などで全てを語り尽くせるものでしょうか。また，その技術は個人の中に存在するものなのでしょうか。実際には，泳法の技術というものは，全てを可視化することはできません。技術を発揮しようとするとき，人は個人個人の技能の高まりによって差異が見られますし，その人を取り巻く環境によっても左右されます。それは，人の能動的かつ受動的な感覚を伴うものであり，その感覚を伴った動きの全ては表現し尽くせないということになります。

　泳法技術というものは，人と人との間に存在し，その感覚的なものを共有し合えなければ，それは伝承されていくことはないでしょう。その技術がよいとされるものであれば，人々が移り変わっても，伝承されていくのでしょう。つまり，泳法技術というものは，個人だけの所有物となりうることはないのです。

　このことから，感覚を伴う泳法技術の共有，さらにいえば，泳法技術の感覚的なズレ自体を共有することなくして，泳法技術の継承や発展は望めないでしょう。水泳領域のような個人種目ととらえられがちな学習も，個人が泳法技術を獲得しなければならないという発想から，人と人との間に技術があるという発想に転換することによって，人と人との交流が芽生えたり，技能発揮する中でその技術を共有し合おうとしたりするのではないでしょうか。それが集団的実践の第一歩につながると考えます。

(寺坂民明)

8 「水泳」の学習カードについての一考察

　体育は実技教科であり，体を動かす時間が中心となるため，他の教科のように文字を書く時間は多く設定できません。しかし，授業の終末に短時間でいわゆる「学習カード」を書く子どもたちの姿はよく見られます。「水泳」の授業では，文字を書くということについてのさまざまな制約があり，体育の他の領域に比べれば「学習カード」を活用するために工夫しなければならないことが多いかもしれませんが，ここでは「学習カード」の意義をポジティブにとらえ，「水泳」における「学習カード」のあり方について考えてみたいと思います。

(1) なぜ「学習カード」を書くのか

　「学習カード」が書かれるのは授業のまとめの場面が多いと思います。1時間の授業を振り返り，「書く」という行為を通して，子どもたちが自分（たち）の学びの意味に迫るわけです。しかし，書かなければ授業を振り返れないということではありません。多くの授業では，子どもと教師のやりとりや子ども同士の会話等が授業を振り返るうえで大切な役割を果たしています。「学習カード」を書くことは，この振り返りを文字に残すことになります。そして，この文字は単元が進むにつれて学びの履歴となり，子どもが自分自身の成長を確認することができる資料となります。もちろん教師にとっても，自分の見取りと子どもから見た学びの様相を比較し，授業の進め方を検討するための有効な資料となるでしょう。しかし，「学習カード」ありきで臨むのではなく，まずは教師が自分の感覚で授業の全体像をしっかりとつかんでいくことが不可欠であることは言うまでもありません。ここでは，子どもと教師がおもしろい授業づくりを協働的に進めるための一つのツールとして「学習カード」をとらえることとします。

(2)「水泳」の授業で何を書くのか

　「学習カード」に書く内容は授業の仕組み方によって変わってきます。本書が大切にしている水と仲間と自分のかかわりから生まれた「感じ」や「気づき」を大切にした「水泳」授業で「学習カード」を用いる場合，次のような記述内容が考えられます。

　まず，水の中で「どんなことができたか」，あるいは「どんなことができなかったか」という，水と自分との関係について書くことができるでしょう。水に入る感じ，進む感じ，泳ぐ感じや，そのときに水に働きかけまた働きかけられたときの気づきを，子どもの実態に応じて書き重ねられるとよいと思います。単元が進むにつれて水と自分との関係が徐々に変容し，子どもたちはそこに自らの成長を見つけることができるでしょう。もう一つは，「仲間とどんなことができたか」ということです。共に水の中にいる子どもたちは互いに多くの情報を送受信しています。その豊かなかかわり合いを記述していくことは，「水泳」のもつ魅力を再認識させ，次の授業への意欲をかきたてるものとなります。

　はじめに述べたように，何に，どこで，いつ書かせるのかといったマネジメントの問題が「水泳」の「学習カード」にはついてまわります。子どもを伸ばす「水泳」の授業づくりを行うなかで，「学習カード」をどのように活用するか検討していく必要があるでしょう。

（山崎大志）

9 「水泳」における指導上の留意点5か条！

> その1　ふれさせたい「おもしろさ」を明確にした学習計画を立てよう
> その2　子どもが意思決定できる学習材を提示しよう
> その3　「感じ」を探求できる場や学習形態を工夫しよう
> その4　泳法指導にこだわらない学習過程を大切にしよう
> その5　「気づき」を促す教師の支援を考えよう

その1　ふれさせたい「おもしろさ」を明確にした学習計画を立てよう

　水泳の授業では，他の領域では味わえない「感じ」がたくさんあります。例えば，「自分の体が浮く感じ」「水の抵抗を受ける感じ」「流れに身を任せる感じ」「勢いよく水に入る感じ」などです。子どもたちは，この「感じ」を味わいながら「水泳固有のおもしろさ」にふれていきます。学習計画を立てる際には，各学年の発達段階を踏まえながら，この「水泳固有のおもしろさ」を中核に据えてはいかがでしょうか。子どもたちにはテーマとして伝え，学習者全員でテーマを追求していく学習計画を立てることが大切だと考えます。

その2　子どもが意思決定できる学習材を提示しよう

　これまでの水泳指導は「泳ぐことができるようにすること」や「泳法の習得」または「泳ぐことのできる距離を伸ばすこと」に重きがおかれてきたように感じます。つまり，教師の指導のもと，子どもたちは何かを「獲得」していくことが求められてきたといえます。しかし，本書で提案したいのは，かかわりの中で学びを「生成」していくことの重要性です。そのためには，子ども自身の「意思決定」が大切になります。できるか／できないかの狭間で，自らの行い

方を「意思決定」できる学習材を提示していくことが大切になります。

その3　「感じ」を探求できる場や学習形態を工夫しよう

　「感じ」と「気づき」を大切にしながら，動きのおもしろさを探求していく授業づくりには，場や学習形態の工夫が欠かせません。子どもの意思決定に委ねて動きのおもしろさを探求していくには，プールをどのように使うのか，どのような学習形態が適切なのかを考えることが必要です。活動によってプールの「縦」や「横」を使い分けるのはもちろん，水中でお互いの動きを見合うことやワークショップ形式で共有していくことも有効に機能すると思います。多様な場，学習形態の工夫は，子どもの学びを深めてくれると考えています。

その4　泳法指導にこだわらない学習過程を大切にしよう

　本書で提案している水泳の学習内容は，泳法の習得ではなく，「感じ」と「気づき」を大切にしながら水泳固有のおもしろさにふれていくことです。そして「おもしろさ」にふれていく過程に「技能」が埋め込まれていると考えています。つまり「技能」は，到達目標ではなく，おもしろさをより味わうための手段なのです。そのように考え，指導ポイントを押さえておきたいです。したがって，教師は技能の指導ポイントを押さえておく必要はありますが，それが前面に出すぎて教師主導の伝達型授業にならないように留意する必要があります。

その5　「気づき」を促す教師の支援を考えよう

　教師は学びの「気づき」を意識化へ促す「橋渡し役」です。活動中の発問や切り返し，価値づけなどを的確に行うには，子どもの様子をしっかり把握し，教師も共に参加することが大切です。また，クラスの実態や単元のねらいに応じて子どもの様子をイメージしておくと，子どもを見るまなざしが定まってきます。やらせっぱなしの授業に陥らないためにも教師の行動をあらかじめ考えておくことは重要なことです。

（石塚　諭）

あ と が き

　「水」は私たちが生きていくうえでなくてはならないものです。私たちの体の60〜70％は水分でできているといわれています。したがって，毎日の水分補給は当然のことながら，私たちが毎日摂る食物の生育にも水は欠かせません。また私たちの生きるこの地球の表面は，その70％以上が海（水）で覆われています。そのうち，私たちが実際に使える淡水は１％未満でしかなく，これは増えることなく繰り返し使われています。そして，私たち日本人でいえば，四方が海に囲まれた美しい島国の中で生きています。このように，私たち人間にとって「水」は生命の根源として必要不可欠なものであり，生活の営みに密接にかかわる親しみのある存在だといえるでしょう。

　その一方で，私たち人間はふだん陸上で生活する存在であり，魚のようにエラ呼吸のできないヒトは水の中では生きてはいけません。このような一見すると矛盾した「命に水は欠かせない大切なものだけど，水中では生活できないという状態（宿命？）」が，私たち人間と水との必要としての，また手段・方法や余暇および教育・身体活動（体育・スポーツ）としての多様なかかわりを生んできたと考えられるでしょう。

　本書主題の「水泳」においても，もとはその生活上の必要や手段，そして体育やスポーツとして創出され発展してきたことは本文中（第１章-１）にて指摘されているところであります。言うまでもなく，本書はその水泳に関して，体育授業におけるある考えやさまざまな取り組みについて提示している指導者向けの参考書（テキスト）です。しかし，本書の最大の特徴は，その根っことなる考え方において，タイトル中の表記にも見られるように「感じ」と「気づき」がキーワードになっている点です。このような視点から体育の水泳を取り上げることはこれまであまりなかったといえるでしょう。すなわち，「感じ」と「気づき」を主眼として，水泳の学び，指導，評価などのあり方を提案している点に，本書のオリジナリティ（独自性）や新しさを指摘することができます。そして，

その見方・考え方は，よく見られがちな「泳げるようになる」「より長く泳げる」「いろいろな泳ぎ方ができる」などといった「知識・技術習得」に依拠した授業づくりを主張するものではありません。そのように，教師から教えられたことを「獲得」することではなく，学習者が諸種の「かかわり」の中で自らがさまざまなことを「感じ」て「気づく」過程を通じて，水泳固有の「おもしろい」（単に「楽しかった」で終わらない）運動を探求していく姿勢です。それは，児童生徒自身の意思決定に基づく課題発見・解決を伴う試行錯誤のプロセスを通じて，学習者自らが学びの意味を見出し深めていくという教育の取り組みでもあります（第1章）。

　水泳授業でのそのような「おもしろい」を導く「感じ」や「気づき」はいろいろ考えられます。例えば，自らの身体の動きについてよく注目することで，また先生や友だちとのやりとりのなかで，さらに水泳に欠かせない要素「水」という存在とのかかわりにおいて，そして上掲したそれらの点について単一的でなく複合的に「感じ」て「気づく」ことが考えられます。このような，より多角的で総合的な「感じ」と「気づき」が学習者自身にとって意味をもった水泳固有の「おもしろさ」を創出し，個々の学びの深化，さらには心身の成長へと通じていくものだと思われます。

　このような観点を基本として，本書ではそれぞれの学年や各段階に応じた多くの取り組みが紹介されています。それら実践例は，教育現場における先生方の疑問の声や意識にも考慮しつつ（第2章），またその豊富な指導体験からもたらされる取り組みの数々です（第3章）。加えて，そのような指導実践をより深めひろげていくのに参考となるような手がかりもいくつか提示しています（第4章）。本書は，できるだけそのような現場に通じる実際的な学びと指導の内容として示すことにも考慮しました。そして，そのような試みによって，日々の教育現場における臨場感を少しでも再現することで，本書を手にする皆さんにとってのより具体的な理解の一助になればうれしく思います。いいかえれば，本書で提起する考えや実践が，読者の皆さんにとっての新たな「感じ」と「気づき」を喚起し，各教育現場でのより創造的な指導実践および児童生徒たちの

あとがき

学びの深化へとつながることが，我々著者ならびに編者にとって存外の喜びであります。

私自身が編著者の一人として本書にかかわるうえで多々「感じ」て「気づいた」ことがありました。それは，水泳という運動に不可欠な「水」という自然の要素とのかかわりに着目しつつ，「感じ」と「気づき」を中核とする学びを踏まえることで，水泳学習が体育の領域を越えて一層ひろがっていくであろうことです。

少し見方を変えれば，水泳という運動は，「水」という対象（客体）について直接体験しているともいえます。すなわち，水泳という身体運動をすることは六感（視・聴・嗅・味・触・直覚）を使った「水」の体験活動となり，その水についてのさまざまな「感じ」につながり，思考し，あることに「気づき」，そしてまた考えることに通じていくであろうことです。その「気づき」には，冒頭で述べたような「私たちがなぜ泳ぐようになったのか」などの活動自身への根源的なこともあれば，「私たちの生命や生活にとって水が不可欠であり，限りがあること」などということもあるでしょう。特に後者のような「気づき」では，「だから，水を汚してはいけない」「これまであまり意識しないでむだに使っていたけど，今後は水を大切に使おう」「海辺や水辺に落ちているゴミを拾う」などという環境意識や行動に通じていくことも示唆されます。したがって，「感じ」と「気づき」を大切にする水泳の授業は，「水」との直接的なかかわり（体験）を意識することで，体育だけでない学びへと拡大し，より包括的な教育の場となる可能性をもつと考えられます。むしろ，本書で強調している「感じ」と「気づき」を基幹として重要視する授業では，水泳に限らずどの分野や領域であっても，より総体的で多面的な指導と学びのプロセスを通した人間育成へとつながっていく潜在力を強く感じるのです。

なお，本書では，授業実践者の目線からの作成を心がけているため，多くの場面で現職の先生方にご協力いただきました。以下の先生方のご助力によって，よりよい内容となったことをこの場を借りてお礼申し上げるとともに，深く感謝いたします。

〈校正等協力者の先生方（敬称略）〉

　　大庭　菜摘（東京都杉並区立済美小学校）

　　菅原　知昭（新潟県新潟市立小針小学校）

　　田中裕紀子（東京都文京区立大塚小学校）

　　濱崎　友樹（長崎県時津町立時津北小学校）

　　森田　克幸（新潟県新潟市立小針小学校）

また，本書刊行の機会を与えてくださった教育出版，ならびに発刊にいたるまで編集の労を執ってくださった阪口建吾さんには多大なお力添えを賜わり大変お世話になりました。あわせてここに深く謝意を表します。

（編者：小森伸一）

動きの「感じ」と「気づき」を大切にした
水泳の授業づくり

2012年6月26日　初版第1刷発行

編　者 ⓒ	細江文利　鈴木直樹 成家篤史　小森伸一 石塚　諭
発 行 者	小 林 一 光
発 行 所	教 育 出 版 株 式 会 社 〒101-0051　東京都千代田区神田神保町2-10 電話（03）3238-6965　　振替 00190-1-107340

Printed in Japan
落丁・乱丁はお取替えいたします

組版　シーガーデン
印刷　神谷印刷
製本　上島製本

ISBN978-4-316-80233-6　C3037